Das Jahreszeiten-Kochbuch zum Abnehmen

E-Mail: loewenzahn@studienverlag.at
Internet: www.loewenzahn.at

Buchgestaltung nach Entwürfen von Kurt Höretzeder
Satz: loewenzahn/Stefanie Temml
Umschlag: loewenzahn/Stefan Rasberger
Fotos: Heidi Huber, Christina Huber und Stefanie Huber,
außer S. 119, 131, 155, 175, 197: www.fotowerk-aichner.at

Gedruckt auf umweltfreundlichem, chlor- und säurefrei gebleichtem Papier.

Bibliografische Information Der Deutschen Bibliothek
Die Deutsche Bibliothek verzeichnet diese Publikation in der Deutschen Nationalbibliografie; detaillierte bibliografische Daten sind im Internet über <http://dnb.ddb.de> abrufbar.

ISBN 978-3-7066-2467-1

Das Jahreszeiten-Kochbuch zum Abnehmen

Einfach und natürlich zum Wohlfühlgewicht

Heidi Huber

loewenzahn

Inhalt

Frühling

Sommer

Herbst

Winter

Vorwort

Das *Jahreszeiten-Kochbuch zum Abnehmen* führt Sie durchs Jahr, Sie können jederzeit einsteigen, das Buch zu einem Begleiter während des Jahres machen, aber auch nur ab und zu einige Entschlackungstage einlegen. Es kann sein, dass dieses Buch ein Aufbruch zu völlig neuen Essensgewohnheiten ist, es kann aber auch sein, dass Sie merken, dass vieles, was Sie in punkto Ernährung tun, bereits stimmig ist. Sie werden damit Gewicht verlieren, ohne gleich wieder zuzunehmen. Ihre Vorstellung von Ihrem Idealgewicht wird sich den realistischen Voraussetzungen anpassen

und Sie werden letztendlich Ihr Wohlfühlgewicht erreichen und halten. Auch werden Sie die positiven Folgen der jahreszeitlichen Ernährung in Ihrem Leben spüren, indem Sie bewusster darauf achten, was die Natur gerade bietet, und somit weitestgehend natürliche Nahrungsmittel zu sich nehmen. Sie werden sich im Frühling auf den ersten Bärlauch freuen, im Sommer knackfrische Salate genießen, im Herbst saftige Brombeeren schlemmen und im Winter wärmendes Kohlgemüse essen.
Das Ziel ist, wieder Freude und Genuss am Essen zu empfinden, ohne Reue und schlechtes Gewissen.

An dieser Stelle möchte ich auch Danke sagen an die vielen Helferinnen und Helfer, die unermüdlich mit mir gearbeitet haben, um Rezepte auszuprobieren und die Speisen zu fotografieren, die das Manuskript kritisch durchgelesen und mich auf dem Weg zur Entstehung dieses Buches begleitet haben: meinem Mann Hermann, unseren Kindern Sandra, Hermann, Christina, Manuel und Stefanie, die trotz ihrer anstrengenden Jobs immer bereit waren, wenn es ans Kochen und Fotografieren ging. Durch ihre Hilfe war es möglich, dieses Buch so zu gestalten, dass eben alles selbst gekocht und fotografiert werden konnte und das Buch absolut authentisch und glaubwürdig ist. Besonders freut mich auch, dass die Freundinnen unserer Söhne, Anna und Bibi, sowie Gerti, die Schwester von Anna, sich gerne bereit erklärt haben, „Models“ im besten Sinne fürs Buch zu sein. Dank an meinen Bruder Franz, meine Freundinnen Gerlinde Strubegger und Elisabeth Fritzenwanker sowie an alle, die meine Arbeit unterstützt haben.
Die Zusammenarbeit mit den Mitarbeiterinnen des Löwenzahn Verlages, Anita Winkler, Elfriede Sponring und Nicole Oberdanner, kann man nur als das bezeichnen, was es ist: eine glückliche Fügung.

So wünsche ich Ihnen viel Freude auf dem Weg zu Ihrem Wohlfühlgewicht, mit Genuss und dem Wissen, dass dieser Weg der Ernährung im Laufe der Jahreszeiten, abgestimmt auf Ihre Bedürfnisse und Anforderungen, der richtige ist. Denn es ist Ihr eigener Weg.

Heidi Huber

Wie verwende ich das *Jahreszeiten-Kochbuch zum Abnehmen?*

Speiseplan auf die Jahreszeiten abstimmen

Durch die Abstimmung der Speisen auf die Jahreszeiten führe ich dem Körper genau jene Nahrungsmittel zu, die er gerade benötigt. Eine einseitige, sich ständig wiederholende Kost wird dadurch vermieden. Auch lernt man, aufmerksamer auf das angebotene Sortiment in den Geschäften zu achten. Rezeptvorschläge zu den saisonalen Obst- und Gemüseangeboten finden Sie in den Rezeptteilen der jeweiligen Jahreszeiten.

Wöchentlichen Suppentag einlegen

Die Anregung, einen wöchentlichen Suppentag einzulegen, wird Sie dabei unterstützen, Ihr Wohlfühlgewicht zu erreichen. Sie können anstelle des Suppentages ohne weiteres auch einen Obst- oder Safttag einplanen. Das, was noch vor nicht allzu langer Zeit zur Selbstverständlichkeit gehörte, ist mit der Zeit aus unserem Ernährungsprogramm verschwunden: der wöchentliche Fasttag. Sie finden zu jeder Woche des Jahres (außer für den Sommer) eine schmackhafte, einfache Suppe, die Sie über den Tag verteilt essen können. Das Frühstück sollten Sie dabei ganz normal einnehmen. Dieser wöchentliche Suppen- oder kalorienreduzierte Tag hilft, Disziplin beim Essen zu entwickeln. Mit der Zeit geht es einem in Fleisch und Blut über, sich maßvoll zu ernähren. Dem Körper tut es gut, einmal sehr einfache Mahlzeiten verdauen zu können, und er gewöhnt sich an den Rhythmus.

Ein Hoch der Suppe

Selbst zubereitete Suppen geraten immer mehr in Vergessenheit, aber ich finde Suppen in der heutigen Zeit, wo alle zu unterschiedlichen Zeiten nach Hause kommen, ideal. Sie lassen sich gut mehrmals aufwärmen, man kann sie verlängern, indem man Gemüse oder Kartoffeln dazuschneidet, und sie sind eine warme vollwertige Mahlzeit, wenn man sie mit Vollkornbrot kombiniert. Werden Sie also zum Suppenfan – Sie finden in den Rezeptteilen von Frühling, Herbst und Winter viele schmackhafte Rezepte.

Herkömmliche Rezepte abändern

Sie können die meisten Rezepte, die Sie bereits verwenden, abändern, um sich gesund und ausgewogen zu ernähren, das ist z.B. Achtsamkeit bei der Menge, Fett etwas reduzieren und nur sehr hochwertige Fette verwenden. Die Rezepte werden einfach auf die jeweilige Jahreszeit abgestimmt, so z.B. kann man Gemüsestrudel zu jeder Jahreszeit mit erntefrischem Gemüse zubereiten oder Fruchtknödel einmal mit Marillen und im Herbst mit Zwetschken füllen.

Bewegung und Ruhe

Sie finden im *Jahreszeiten-Kochbuch zum Abnehmen* einen ausführlichen Teil zu Bewegung und Ruhe. Nicht immer ist Bewegung angesagt, manchmal ist Ruhe notwendig. Doch dann sollte man sich wieder zu Bewegung aufraffen, um nicht träge und faul zu werden. Grundsätzlich ist es für einen gesunden Menschen absolut wichtig für Lebensfreude, Zufriedenheit und Ausgeglichenheit, sich zu bewegen.
Durch Bewegung verliert man nicht automatisch Gewicht, eher nimmt man von Bewegung sogar zu, weil man muskulöser wird. Viele Frauen in Dienstleistungsberufen bewegen sich den ganzen Tag mehr als genug und sind auch nicht automatisch schlank, sondern haben sehr oft mit Figurproblemen zu kämpfen. Bewegung unter Stress und durch Überforderung macht eher dick. Das sollte man sich vor Augen halten.

Wer sich beruflich viel bewegt, sollte in seiner Freizeit auf ein ausgewogenes Trainingsprogramm achten, das besonders auf die Lockerung von verspannter Muskulatur zielt, wie z.B. Rückentraining.

Schlank ist nicht fit

Wenn Ihr Ziel ist, nur abzunehmen, werden Sie das auch ohne große körperliche Anstrengung schaffen. Wenn Sie sich jetzt beruhigt in Ihre kuschelige Couch zurücklehnen, weil Bewegung für Sie sowieso nur ein lästiges Übel ist, dann bitte ich Sie, wenigstens die nächsten Zeilen weiterzulesen, denn ich möchte sehr gerne, dass Sie sich mit unserem wichtigsten Glücksbringer beschäftigen, nämlich der Bewegung. Denn fit wird man nicht auf der Couch.

Warum soll ich an meiner Fitness „arbeiten"?

Ganz einfach, die Bewegung stärkt die Belastbarkeit, sowohl im körperlichen als auch im psychischen Bereich. Und wer körperlich und psychisch stärker ist, der wird auch im Bereich der Ernährung einen schrittweisen Wandel erleben. Warum haben Sie auf einmal keine Heißhungerattacken mehr, wenn Sie regelmäßig walken gehen? Warum belohnen Sie sich nicht mehr mit Süßigkeiten? Warum sind Sie gegen Stress resistenter und brauchen nicht mehr alles in sich hineinzuschlingen?
Das alles sind Folgen von regelmäßiger Bewegung. Brauchen Sie noch mehr Gründe, an Ihrer Fitness zu arbeiten? Ich z.B. liebe es, morgens mit meinem Golden Retriever-Mischling zügig einen Waldweg zu gehen. Dabei denke ich mir den Tagesablauf durch und atme die frische, klare Morgenluft ein. Zugegeben, es gibt Tage, da gehe ich weg ohne Lust zu haben, Tage, an denen ich mich regelrecht zwingen muss. Aber ich weiß um die positiven Auswirkungen meines regelmäßigen bewegten Tagesbeginns und spätestens nach fünf Minuten Gehzeit genieße ich es schon wieder.
Sie werden das Frühlingserwachen anders erleben, bleiben von der lästigen Frühjahrsmüdigkeit verschont und haben gleich in der Früh schon das Gefühl, sich etwas Gutes getan zu haben. Durch das Fortbewegen entsteht auch im psychischen Bereich das Gefühl, „sich auf den Weg zu machen und vorwärts zu gehen", das kann

besonders in schwierigen Lebensphasen, wo man auf der Stelle tritt, sehr hilfreich sein.
Wenn auch Sie zu Beginn (wie ich) ein schlechtes Gewissen haben, eine halbe Stunde täglich für Ihre körperlichen Betätigungen aufzuwenden, so wird sich dies schnell ins Gegenteil umkehren, wenn Sie schon nach kurzer Zeit merken, wie positiv sich Bewegung auf Ihre gesamte Leistungsfähigkeit und Belastbarkeit auswirkt.

Ich habe so viel zu tun

Es gibt eine Reihe von Berufen, in denen so vieles an körperlicher Arbeit geleistet wird, dass man abends ganz sicher nicht mehr rund um den See laufen muss und möchte. Da ist vielleicht eine halbe Stunde Yoga angebrachter. Ein entspannender Spaziergang kann allerdings auch gute Dienste leisten, um zur Ruhe zu kommen.
Ich möchte Ihnen also ans Herz legen, wenn Sie sich da angesprochen fühlen, wirklich auf Ihren Körper zu hören und ihm die Ruhe zu gönnen. Vergessen Sie alle Diätbücher, die von Menschen geschrieben sind, die die raue Wirklichkeit von Putzjobs und Supermarktpersonal nicht kennen. Und ich bitte Sie, essen Sie gut, gehaltvoll und genug, vor allem aber regelmäßig. Nichts ist schädlicher und führt leider auch zu Übergewicht, als untertags nichts Ordentliches zu essen, wenn man viel leisten muss. Das zeigt sich dann am Körper in einer ungesunden Aufgeschwemmtheit. Und Sie wären nicht die Erste, die eine Diät mit viel Bewegung nicht durchhält. Vertrauen Sie daher den Tipps, regelmäßig zu essen, dann werden Sie bald Ihr Wohlfühlgewicht erreicht haben.

Spaß an der Bewegung

Unser Körper liebt es, sich zu bewegen. Das kann durchaus auch (oder vielleicht sogar im besten Falle) die Arbeit sein. Ich liebe Gartenarbeit und dadurch hat man auch automatisch viel Bewegung, genauso kann man es bei vielen Arbeiten sehen. Arbeit und Bewegung ist eine gute Kombination, Arbeit, Bewegung und Stress vielleicht eine der schlechtesten Kombinationen überhaupt.
Das heißt, wenn Sie beruflich sehr viel Bewegung haben, dann versuchen Sie, diese Bewegung als positiven Aspekt in Ihrem Leben zu

sehen. Jede berufliche Bewegung kann unter Stress oder Vollstress, aber auch zügig und kraftvoll durchgeführt werden. Der Unterschied liegt in unserer Bewertung dessen, was wir tun. Wenn wir immer die Beste, die Schnellste, die Tüchtigste sein wollen, dann arbeiten wir irgendwann einmal nur mehr unter Volldampf, mit allen gesundheitlichen Folgen wie Bluthochdruck, Kreuzschmerzen und so weiter.
Finden Sie Ihre Art der Bewegung heraus und lassen Sie sich nie wieder von irgendjemandem einreden, dieses oder jenes wäre gut für Sie. Wenn Sie jedoch schon unter Beschwerden leiden, besprechen Sie mit einem Arzt oder Therapeuten Ihres Vertrauens, welche Bewegung für Sie gesund ist.

*„Glücklich leben
und naturgemäß leben ist eins."*
Seneca

Alles nach Plan!

Was wünschen Sie sich am meisten von einem Abnehmkochbuch? Wahrscheinlich eine klare Anleitung, was Sie wann essen dürfen, wie viel Bewegung die Abnahme unterstützt und welche Gewichtsabnahme Sie erwarten können. Und ich kann Ihnen sagen: Sie werden es in diesem Buch nicht bekommen. Einfach, weil Sie etwas Besseres bekommen. Sie bekommen Ihren eigenen Plan, einen Plan, der stimmig ist, der Ihren Bedürfnissen entspricht und der Sie auf dem Weg zu Ihrem Wohlfühlgewicht begleitet.

Verantwortung übernehmen

Solange ich immer wieder jede neue Diät ausprobiere und mir denke, das wird doch jetzt endlich der Schlüssel zum Erfolg sein, solange bin ich noch von dem entfernt, was wirklich für mich gut ist. Unser Körper weiß genau, was für ihn gut ist. Er sagt es uns jeden Tag. Es ist einfacher, auf jemanden zu hören, den man liebt. Also tun Sie es ab heute – lieben Sie Ihren Körper so wie er ist. Nur dann ist Veränderung möglich. Verlassen Sie die tägliche Kampfarena. Machen Sie sich auf den Weg.

Sicher zum Ziel

Der *natürliche Ernährungsplan* verlangt von Ihnen nur eines: sich einzulassen und zu vertrauen darauf, dass in der Natur alles so vorgegeben ist, wie es für den Körper gut ist. Alles zu seiner Zeit, in der richtigen Zusammensetzung und ohne Konservierungs- und Aromastoffe.
Der eigentliche Weg zur *jahreszeitlichen Ernährung* ist auch mit dem Verabschieden von vorgefassten Glaubenssätzen verbunden. Sie werden auf Ihrer kulinarischen Reise durch das Jahr entdecken, wie viele von diesen Vorurteilen man im Kopf hat, z.B. Salat macht schlank, auch im Winter. Man lernt mit der Zeit, sich darauf zu freuen, wenn es im Frühling den ersten Bärlauch gibt, im Juni die Zeit der Kirschenernte ist und im Herbst der Obstgarten eine Fülle an Früchten bietet.

Innere Blockaden erkennen

Nein, nein, nein

Wenn Sie lernen, sich selbst aufmerksamer zu beobachten, wie Sie auf Nahrungsmittel reagieren, dann werden Sie, eigentlich erschreckend oft, ein inneres „Nein" hören. Ich möchte Ihnen nachstehend einige der gängigsten „Nein"-Nahrungsmittel auflisten:

- Schokolade
- Torte mit Schlagobers
- Wiener Schnitzel mit Pommes
- Chips
- Buttercroissants
- Weißbrot und Brötchen
- fette Milchprodukte
- fette Wurstsorten
- Limonade
- Zucker
- Kekse
- Pralinen
- Kuchen
- Leberkäse
- Wurstmayonnaise
- Kakao mit Schlagobers

Das sind nur einige Lebensmittel, bei denen wir unbewusst einen Nein-Balken vor Augen haben. Die Liste könnte man noch lange fortsetzen, z.B. Lebensmittel bei lustigen Grillabenden, beim Raclette-Essen oder beim Fondue.
Und ich möchte, dass Sie in Zukunft versuchen, diesen Nein-Balken vor Ihren Augen wegzubringen. Sie sollten lernen, differenzierter damit umzugehen. Es ist kein Problem, wenn man ab und zu fette Milch trinkt, trotzdem sollte man sich grundsätzlich für magere Milch entscheiden. Die Gründe dafür finden Sie im Kapitel *Milch und Milchprodukte*.

Niemand wird davon dick, wenn er in netter Gesellschaft auf einen Kaffee inklusive Kuchenstück geht oder Gutes vom Grill samt üppigen Beilagen genießt. In unserer Nähe gibt es ein Lokal einer bekannten Fastfood-Kette, das ich vor allem dadurch zu spüren bekomme, dass der Müll von den Kunden sehr breit gestreut wird. Wenn irgendjemand aber glaubt, man würde dick werden, weil man die Produkte dieser Kette isst, dann ist das ein Irrglaube. Ich sehe jeden Tag die Kunden (ich gehöre auch ab und zu dazu) und ich kann Ihnen versichern, sie sind weder alle dick, noch sehen alle krank aus.

Ja!

Ein knuspriges Schnitzerl zu genießen oder eine knackige Wurst am Würstlstand wird mit Sicherheit nicht die Ursache von Gewichtsproblemen sein. Hören Sie also auf, sich selbst ständig schlecht zu machen, wenn Sie einmal etwas gegessen haben, was nicht unter „gesund und kalorienarm" fällt.

Feste feiern, wie sie fallen

In Zeiten der Ernährungsumstellung wird es auch vorkommen, dass das eine oder andere Fest ansteht. Anstatt sich den ganzen Tag mit einem Verbot zu quälen und wahrscheinlich am nächsten Tag aus Frust dann kräftig zuzuschlagen, ist es besser, sich auf das Fest zu freuen und dann auch wirklich dabei zu sein, was auch bedeutet, dass man die Köstlichkeiten, die angeboten werden, genießt. Auch das ist ein Lernprozess, denn wenn ich über Jahre die innere Bremse angezogen hatte, was Essen und Genießen betrifft, dann wird es einige Zeit dauern, bis ich Feste wieder so richtig genießen kann. Wer es sich auf einem Fest gut gehen lässt, der wird am nächsten Tag automatisch weniger essen. Eine Ernährungsumstellung ist ein langfristiges Vorhaben und dazu gehört auch, genussvolles Schlemmen zuzulassen.
Gerade die Vorbereitung eines schönen Festessens kann auf dem Weg zu einer gesunden und ausgewogenen Ernährung ein weiterer Schritt sein. Hochwertige Produkte einzukaufen, zu verarbeiten und dann das gemeinsame Essen mit Freunden zu genießen gehört zu den schönsten Dingen im Leben.

Dreimal am Tag essen

Eines vorweg: Sie entscheiden selbst, wann, wie oft und wie viel Sie täglich essen.
Sie haben sicher auch schon die verschiedensten Ratschläge gehört: Einmal kommt die Empfehlung, nur dreimal am Tag zu essen, dann wieder die Empfehlung, abends das Essen auszulassen, fünfmal Obst und fünfmal Getreideprodukte am Tag und so weiter. Und wenn es Ihnen so geht wie mir vor einigen Jahren, dann sind Sie verwirrt und schwanken von einer Empfehlung zur nächsten.
Ich möchte da zurückgreifen in die Zeit meiner Kindheit, da waren fixe Essenszeiten eine Selbstverständlichkeit und wir kamen gar nicht auf die Idee, außer um frisches Obst oder ein Joghurt zu genießen, zwischendurch etwas zu essen. Die Ernährung war weitestgehend gesund, weil es so gut wie keine Fertigprodukte gab, Obst und Gemüse zum Großteil nur saisonal angeboten wurde und Milchprodukte sich auf Joghurt pur und Joghurt mit Erdbeermarmelade beschränkten. Wir waren auch ständig in Bewegung und hatten sowieso keine Zeit, zum Kühlschrank zu gehen. Grundsätzlich waren wir alle spindeldürr und braungebrannt und jene, die ein paar Kilos mehr auf den Rippen hatten, waren gut mollig, aber keinesfalls richtig dick. Unsere Freizeit verbrachten wir mit Völkerball, Bauen von Baumhütten und Schwimmen in der Salzach.
Man darf auch nicht vergessen, dass jene, die heute alt und gesund sind, sich genau so ernähren: einfach, saisonal und zu fixen Essenszeiten.
Weitgehend fixe Essenszeiten helfen, eine Ernährungsumstellung mit Gewichtsverlust dauerhaft durchzuhalten. Wer über Jahre kein Frühstück zu sich genommen hat, weil er die Kalorien aufsparen wollte oder meinte, er hätte morgens einfach keinen Hunger, war auf dem besten Weg in die Gewichtsfalle. Auch Bequemlichkeit am Morgen kann ein Hindernis sein, sich ein gesundes Frühstück zuzubereiten. Viele lassen auch das Mittagessen ausfallen, um Kalorien zu sparen, mit der Folge, abends dann mit Heißhunger zu viel zu essen.
Wir brauchen die Energie dann, wenn unser Körper und Geist gefordert sind. Eine Stunde früher aufzustehen und sich ein aus-

giebiges, gesundes Frühstück zu gönnen wirkt sich extrem positiv auf den neuen Tag aus. Die Ruhe, die man dabei empfindet, nimmt man mit hinein in den Tag und die Belastbarkeit wird um ein vielfaches gesteigert. Das Frühstück kann aber auch, wie früher üblich, nicht gleich nach dem Aufstehen eingenommen werden, sondern später, z.B. während der Jausenzeit am frühen Vormittag. Finden Sie selbst Ihre „richtige“ Frühstückszeit heraus, es gibt nämlich wirklich Menschen, die gleich nach dem Aufstehen einfach nichts hinunterkriegen.
Regelmäßige Mahlzeiten wirken sich auch positiv aus, wenn man bereits in der Stressfalle ist. Wenn es irgendwie möglich ist, sollte man versuchen, mittags die Hauptmahlzeit einzunehmen.

Der Wert regelmäßiger Mahlzeiten

Beim Gedanken an regelmäßige Mahlzeiten fühlen sich viele Menschen überfordert. Aber wenn Sie lernen, regelmäßigen Mahlzeiten einen wichtigen Stellenwert in Ihrem Tagesablauf einzuräumen, dann werden Sie feststellen, dass andere Dinge leichter von der Hand gehen und Sie eine tiefe innere Zufriedenheit spüren.

Kaffee- und Teepause

Sehr positiv auf das zwischenmenschliche Klima wirkt sich auch eine fixe Kaffee- und Teepause mit kleinen Kuchenstücken oder Kcksen aus. Davon nimmt man bestimmt nicht zu. Zunehmen wird man davon, wenn man die Kuchenstücke als „leere Kalorien“ beäugt und leise murmelt, ich heute leider nicht, bin – wieder einmal – auf kalorienreduzierter Diät. Oder man isst den Kuchen zwar, verurteilt sich selbst aber dann als schwach und speichert den gegessenen Kuchen unter „schädlich, weil er Zucker, Fett, Weißmehl und Eier (Cholesterin!!!) enthält“.

Zwischenmahlzeiten variabel gestalten

Am besten ist, fixe Essenszeiten einzuhalten und Zwischenmahlzeiten je nach Energiebedarf zu steuern. Ein Stück Obst zu genießen, wenn man müde wird, wirkt Wunder.

Mittagessen und berufstätig?

Dreimal am Tag ausgewogen essen, das klingt plausibel, sagen Sie, essen, wenn der Körper die Energie benötigt, ein ausgiebiges Frühstück einnehmen, entspannt zu Mittag essen und abends gemeinsam ein einfaches, aber köstliches Mahl genießen. Die Realität der meisten von uns sieht jedoch anders aus: hektisches Frühstück, das Mittagessen wird ausgelassen, weil die Mittagspause kurz ist und man ohnehin Kalorien sparen möchte, und abends – ganz ehrlich, abends ist man oft einfach zu müde, um noch irgendwelche gesunden Köstlichkeiten zu zaubern, besonders Speisen, die auch noch viel Arbeit machen und zeitaufwändig sind, hindern uns, die guten Vorsätze einzuhalten.

Sich Zeit nehmen

Geht es Ihnen auch so? Ich habe eine sehr freie Zeiteinteilung bei meiner Arbeit und so war es, als die Kinder größer waren und mittags nicht mehr nach Hause kamen, der Normalfall, dass ich irgendwann zwischendurch ein Brot mit irgendwas drauf gegessen habe. Heute nehme ich mir bewusst Zeit zum Essen, auch wenn ich mir eine rasche kalte Mahlzeit zubereite. Nun kenne ich den Wert des bewussten Essens und weiß, dass es für meine Leistungsfähigkeit und Ausgeglichenheit, aber auch für meine Wohlfühlfigur wichtig ist, regelmäßig zu essen.

Bewusst machen

Nur wer sich den Wert eines ausgewogenen Mittagessens bewusst macht, der wird auch Wege finden, für sich selbst den Anspruch auf eine vollwertige Mahlzeit zu Mittag zu stellen. Ein Mix aus Mahlzeiten, die man sich von zu Hause mitnimmt, ab und zu einem Restaurantbesuch und gekaufter Jause bewährt sich auf Dauer gut und schützt vor Eintönigkeit. Aber Sie sollten einfach für sich selbst herausfinden, welche der vielen Möglichkeiten, die es fürs Mittagessen gibt, für Sie die beste ist. Und das kann sich von Zeit zu Zeit immer wieder ändern.

Welche Möglichkeiten habe ich?

günstiger Mittagstisch im Restaurant

- Vorteile: regelmäßige, abwechslungsreiche Mahlzeiten, die von gelernten KöchInnen zubereitet werden, sodass man davon aus gehen kann, dass sie meist auch schmecken
- Nachteile: meist keine Information, woher die Produkte stam men (besonders bei Fleisch sehr heikel)
- Durchführbarkeit: kein Problem, wenn ein Restaurant in der Nähe ist, allerdings schwierig, wenn man irgendwo außerhalb arbeitet, weil dann die Wege zu lang sind

Jause, wie zum Beispiel frisches Obst – bewusst als vollwertige Mahlzeit genießen

- Vorteile: wahre Vitaminbomben, keine Zubereitungszeit
- Nachteile: keine
- Durchführbarkeit: sehr einfach

gemeinsames Kochen am Arbeitsplatz

- Vorteile: keine Zeitverschwendung für den Weg zum Mittags tisch, ungezwungene Gespräche mit den KollegInnen wäh rend des Essens
- Nachteile: wenn es keine Missstimmung untereinander gibt, ist kein Nachteil zu sehen
- Durchführbarkeit: funktioniert ausgezeichnet, wenn man sich z.B. wöchentlich beim Kochen abwechselt und die Person, die gerade fürs Kochen zuständig ist, eine halbe Stunde vor dem Essen während der Arbeitszeit das Essen zubereiten darf, beim Zusammenräumen helfen alle abwechselnd zusammen. Das, was an positivem Klima durchs gemeinsame Essen entsteht, ist eigentlich unbezahlbar.

Fast alle Firmen haben kleine Teeküchen, in denen sich gesunde Mahlzeiten zubereiten lassen. Fette, gebackene Speisen, die stark riechen, sind natürlich nicht ideal, sind aber sowieso nicht gesund. Die Variante des gemeinsamen Kochens am Arbeitsplatz ist etwas für Teams, in denen eine gute Kommunikation herrscht.

von zu Hause mitnehmen

- Vorteile: man braucht nichts extra zuzubereiten, sondern variiert in der Regel die Speisen vom Vortag
- Nachteile: man muss gut im Voraus planen, nicht jeder hat morgens schon Lust, Salat zu schneiden oder Gemüse zu dünsten
- Durchführbarkeit: oft bleiben am Vortag beim Essen (besonders bei Aufläufen und Strudeln) ein oder zwei Portionen übrig. Man hat also keine zusätzliche Arbeit für die Vorbereitung des Mittagessens, mit Ausnahme der Beilagenvariation. Wichtig ist einfach nur, sich passende Plastikbehälter zu besorgen, damit man die Speisen gut mitnehmen kann.

Klassiker zum Mitnehmen

Es gibt einige Klassiker, die einfach ideal zum Mitnehmen sind:

- Suppen in allen Variationen
- Knödel (kann man halbieren, dann sind sie in der Mikrowelle schneller warm), Salat dazu
- Buchteln und Krapfen (1/2–1 Minute in der Mikrowelle erwärmen, werden wunderbar weich)
- Alle Arten von Strudeln und Aufläufen lassen sich sehr gut in der Mikrowelle erwärmen.
- Nudelgerichte
- Reisgerichte
- saisonales Obst und Gemüse
- Gemüse lässt sich gut zu Hause schnippeln und dann in einer verschlossenen Plastikdose aufbewahren, dazu ein hartgekochtes Ei oder geriebener Käse, den man auf dem Gemüse vor dem Zubereiten verteilt, dazu schmeckt frisches Gebäck hervorragend und schon hat man eine vollwertige Mahlzeit. Beim Gemüse greift man einfach auf saisonale Produkte zurück.
- Obstsalat mit Joghurt (leichtere Mahlzeit) oder Obstsalat mit Topfen (eiweißreicher und sättigender)
- Salate lassen sich gut vorbereiten, indem man sie vorschneidet, aber nicht mariniert. Die Marinade gibt man erst vor dem Essen dazu, dann bleibt der Salat knackfrisch. Um aus Salat eine voll wertige Mahlzeit zu machen, können Sie zur Abwechslung folgende Variationen ausprobieren:

- Nudelsalat in allen Variationen
- Salat mit Schafskäse
- Salat mit Schinken oder Extrawurst und Ei
- Salat mit Puten, Rinds- oder Hühnerstreifen: Fleisch zu Hause nudelig schneiden und braten. Vor dem Essen in der Mikrowelle kurz erwärmen und über dem Salat verteilen.

Sie sehen, mir ist das regelmäßige Essen ein besonderes Anliegen, weil es meiner Meinung nach einer der Bausteine zum erfolgreichen Abnehmen ist.

Im Rhythmus leben

Neben dem jahreszeitlichen Rhythmus gibt es auch noch zwei weitere Rhythmen, die uns auf dem Weg zu einer gesunden Lebensweise helfen, das ist der Tages- bzw. Wochenrhythmus. Wir sind von Natur aus darauf ausgerichtet, dass Gewohnheiten eine große Macht ausüben. Sich eine neue Gewohnheit einzuüben, erfordert zum einen Disziplin (ja, leider ...), zum anderen aber auch, sich einen passenden Rhythmus zurechtzulegen. Dass wir uns gut umstellen können, zeigt z.B. die zweimal jährliche Umstellung auf Sommer- bzw. Winterzeit. Es dauert meist nur einige Tage, bis wir uns dem neuen Rhythmus angepasst haben.
Dieses Wissen können wir uns auch bei einer Ernährungsumstellung zu Nutze machen. Wenn wir eine klare Vorgabe haben, wie wir unsere Ernährung gestalten, dann funktioniert eine Umstellung viel leichter, als wenn wir zwar „weniger" essen möchten, aber keine genaue Vorstellung haben, wie das funktionieren soll. Heutzutage sehen bei den meisten von uns die Wochentage in der Ernährung gleich aus wie die Sonntage. Wir haben auch während der Woche alles auf dem Speiseplan, was früher nur an Sonntagen gegessen wurde.

Tagesrhythmus

Meine Erfahrung ist, dass sich ein Rhythmus mit drei Mahlzeiten gut bewährt, besonders wenn man dazu neigt, viel dazwischen zu „kosten", besonders auch beim Kochen. Der Körper stellt sich gut darauf ein und die gefürchteten Heißhungerattacken bleiben aus. Nichts einzuwenden ist natürlich gegen eine Zwischenmahlzeit aus Obst und Gemüsesticks. Oder die beliebte Kaffeepause mit einem kleinen Kuchenstück oder Keksen. Davon wird man sicher nicht dick.
Ich kenne einige Leute, die das Frühstück und Mittagessen auslassen, die aber fast alle ein Gewichtsproblem haben. Denn bis zum Abend ist man so hungrig, dass man das Essen nicht mehr genießen kann, sondern nur mehr hastig hinunterschlingt.

Wochenrhythmus

Der Wochenrhythmus kann so aussehen:

- an normalen Wochentagen einfache, regionale Speisen
- wöchentlicher Suppentag, z.B. am Freitag
- Sonntag und Feiertag mit festlichem Essen

Der wöchentliche Suppentag erfordert Disziplin und Überzeugung. Man ist aber an diesem Tag sehr frei, was das Kochen betrifft, weil sich die meisten Suppen gut am Vortag zubereiten lassen. Der Suppentag ist eine gute Übung, um auch einmal bewusst zu verzichten. Wer einmal das gute Gefühl des wöchentlichen Suppentages erlebt hat, dem wird dieser Tag zu einer liebgewordenen Gewohnheit werden.

Die meisten Suppen lassen sich gut in einer Thermoskanne mitnehmen und sind daher ideal für Berufstätige.
Natürlich ist der Suppentag keinesfalls ein Dogma, sondern nur eine Empfehlung, wie ein Rhythmus aussehen kann. Wenn Sie an den Suppentagen einen normalen Fasttag mit kalorienreduzierter Kost machen, ist das auch völlig in Ordnung. Wichtig ist nur, dass Sie versuchen, einmal wöchentlich einen „spartanischen" Tag einzulegen. Das gilt allerdings nicht für Zeiten, in denen einen der Stress überrollt. Da heißt es essen und zwar ordentlich und gehaltvoll, um Kraft zu haben für die Herausforderungen.
In vielen Berufen ist der Sonntag ein ganz normaler Arbeitstag. Es fehlt daher ein wöchentlicher Rhythmus, vorgegeben durch die Arbeitstage. Umso wichtiger ist es für Sie, wenn auch Sie am Wochenende arbeiten, den Sonntag kulinarisch hervorzuheben, damit Ihr Körper einen ausgeglichenen Rhythmus hat. Viele Sonntagsspeisen kann man sehr gut am Vortag zubereiten, z. B. Kartoffeln vorkochen oder Zwiebelrostbraten dünsten. Viele Fleischspeisen schmecken sogar besser, wenn die Gewürze einige Zeit ziehen können, das betrifft vor allem Speisen, die aus Rindfleisch zubereitet werden. Auch Mehlspeisen lassen sich z.B. Samstag nachmittags gut vorbereiten.

Jahreszeitlicher Rhythmus

Der Weg zu einer erfolgreichen dauerhaften Ernährungsumstellung ist, sich mit dem jahreszeitlichen Angebot vertraut zu machen. Man entwickelt sehr schnell ein Gespür für jahreszeitliche Ernährung, vor allem, weil diese Form der Ernährung dem Körper ausgesprochen guttut. Kohl und Kraut hat nun einmal eine wärmende Wirkung auf den Körper, das kommt uns im Winter zugute, während Tomate, Salat & Co kühlend wirken. Daher ist auch frischer Salat (außer Lagersorten) im Winter nicht empfehlenswert.
Ich habe vor einiger Zeit mit einem wirklich sehr kompetenten Arzt gesprochen, der es auch aus medizinischer Sicht bestätigt hat. Leider sind so gut wie alle Abnehmprogramme voll mit Empfehlungen, täglich (egal zu welcher Jahreszeit) Salat zu essen.

Wozu im Rhythmus leben?

Ein gut eingespielter Rhythmus befreit vom permanenten Nachdenken und Beschäftigen mit Essen, was leider gerade dann, wenn man mit Gewichtsproblemen zu kämpfen hat, immer wieder im Vordergrund steht. Man entwickelt eine Selbstverständlichkeit, zu den vorgegebenen Zeiten zu essen, sodass man sich in der übrigen Zeit kaum mehr mit dem Essen beschäftigt. Essen wird zur positiven Routine.
Vorgegebene Essenszeiten einzuhalten heißt nicht, dass man sich dem Druck aussetzt, dass immer genau um die gleiche Zeit gegessen wird – man kann da ruhig einen angemessenen zeitlichen Spielraum einbauen.

Wochenspeiseplan erstellen

Wer sich zu Beginn der Umstellung leichter tut, kann auch einen Speiseplan für die ganze Woche erstellen. Das erspart das tägliche Nachdenken und Planen, hilft Geld und Nerven zu sparen. Ein Wochenspeiseplan kann dann auch beim Nährstoffbedarf gut aufeinander abgestimmt werden. Auf einen eiweißreichen Tag folgt ein Tag mit mehr Kohlehydraten, nach fetteren Mahlzeiten kalorienärmere.

Empfehlenswert ist auch, dass alle Familienmitglieder bei der Erstellung des Speiseplanes dabei sind (siehe auch Kapitel *Damit's auch im Alltag funktioniert*). Jeder kann etwas eintragen und wird mit seinen Wünschen und Bedürfnissen ernst genommen. So wird das gemeinsame Essen zu einem wichtigen Treffpunkt, bei dem auch gute Gespräche entstehen. Man kann die gemeinsamen Mahlzeiten gar nicht wichtig genug nehmen.

Fasten

Im jahreszeitlichen Rhythmus schenkt man auf jeden Fall auch dem Fasten Beachtung. Wer dauerhaft abnehmen möchte, sollte regelmäßig einige Fastentage unter fachlicher Betreuung durchführen.
Fasten reinigt den Körper von innen und stellt die Verbindung zwischen Körper, Geist und Seele wieder her. Man befreit dabei den Körper von Schlacken und Giftstoffen, fühlt sich geistig wach und körperlich fit.
Wenn man eine Woche lang nur von Saft und Gemüsebrühe lebt, dann lernt man Nahrungsmittel wieder so richtig schätzen und genießen. Und das Besondere nach dem Fasten: Man ist völlig frei von Essattacken und Frustessen.
Wichtig ist beim Fasten, die innere Reinigung an erste Stelle zu setzen, alles andere kommt von selbst (z.B. dass einige Kilos purzeln).
Fasten ist Loslassen. Fasten löst inneren Frieden aus, beruhend auf der Einheit von Körper, Geist und Seele.
Ich habe vor einiger Zeit im Stift St. Georgen am Längsee unter der Leitung von Fastentrainer und Yogalehrer Thomas Fleischhacker eine Woche lang in einer wunderbaren Gruppe gefastet und spüre noch immer die positiven Auswirkungen dieser Tage. Ein sehr gut geführtes Haus wie das Stift St. Georgen ist der ideale Rahmen für eine Fastenwoche, auch die Umgebung dort ist einzigartig.
Eine Fastenwoche sollte man in einer gut geführten Gruppe absolvieren. (Im Übrigen: Beim begleiteten Fasten wird vorher ein Gesundheitscheck vorgenommen.)

Einstieg in die Ernährungsumstellung

Als Einstieg in eine Ernährungsumstellung kann eine Fastenwoche ein guter Schritt sein, weil man besser spürt, welche Nahrungsmittel einem guttun. Gute Fastenhotels oder Klöster findet man im Internet, wichtig ist darauf zu achten, dass auch eine fachliche Betreuung vorhanden ist.

Wirklich zu dick?

So lange Sie sich von der Waage, vom BMI, vom Idealgewicht laut Gewichtstabelle, von Ernährungspyramiden, die sich in regelmäßigen Abständen widersprechen, von light-Produkten und Kasteiung diktieren lassen, wird es so gut wie unmöglich sein, das Idealgewicht zu erreichen. Der ungesunde Kampf wird sich wiederholen und letzten Endes kommt immer wieder der große Frust.

Es gibt keinen Garantieschein, dass man mit 50 Kilo gesund ist und keine Herz-Kreislauf-Erkrankung bekommt, genauso wie man mit 90 Kilo eine Herz-Kreislauf-Erkrankung bekommen kann oder eben nicht. Ebenfalls wird man nicht vor einem Bandscheibenvorfall bewahrt, wenn man dünn ist. Die einzigen Personen in meinem Umfeld, die einen Bandscheibenvorfall hatten, sind ausgerechnet jene beiden, die die beste schlanke Figur haben.

Schlank und fit zu sein ist keine Sache des Gewichtes, es gibt auch Leute, die BMI-mäßig super in die Norm passen und trotzdem sehr schwabbelig wirken. Andererseits haben auch Sie sicher schon des Öfteren Menschen getroffen, du gut und gerne 90 Kilo auf die Waage bringen und eine ausgezeichnete Figur haben.

Die eigenen Normen überprüfen

Ich kenne viele Menschen, die eine gute, normale Figur haben und trotzdem permanent auf Diät sind. Einfach, weil sie für sich den falschen Maßstab gewählt haben. Einen Maßstab, der unerreichbar ist, denn aus einer Person, die 160 cm groß ist, wird nun einmal kein superschlankes Model mit 180 cm. Sie lachen über diese

Zeilen? So denkt doch niemand? Dann denken Sie einmal nach, was Ihr Ziel, Ihre „Traumfigur“ ist.

Vieles ist möglich

Damit Sie jetzt nicht gleich frustriert sind, möchte ich Ihnen eines sagen: Mit Hilfe von Bewegung, die auf Ihre Bedürfnisse abgestimmt ist, und ausgewogener Ernährung ist sehr vieles, was die Änderung der Figur betrifft, möglich. Sie werden, wenn Sie sich ausgewogen ernähren, die richtige Bewegung durchführen und sich regelmäßig Raum für Entspannung geben, erleben, dass sich z.B. Ihre Problemzonen verändern und harmonischer ins Körperbild passen.
Leonardo da Vinci meinte auf die Frage, wie er arbeitet, um so schöne Skulpturen anzufertigen, er meißle einfach das Überflüssige weg. So kann man auch den Weg des jahreszeitlichen Abnehmens sehen, einfach das zu verlieren, was überflüssig ist, denn unser Körper ist schon perfekt.

Maßhalten

Wer ständig im Teufelskreis des Zu- und Abnehmens gefangen ist, der hat mit Sicherheit auch verlernt, was es heißt, Maß zu halten. Eine Tante meines Mannes hat dazu einen guten Spruch:
„Zu wenig und zu viel ist der Narren Ziel."
Man ist aus der Balance geraten und das Pendel schlägt stets in die eine oder andere Richtung aus, ohne je ins Lot zu kommen. Daher wird man es nicht schaffen, dauerhaft abzunehmen und ein gutes Körpergefühl zu entwickeln, wenn man immer wieder dieselben Diät-Versuche startet. Das einzige, was passiert, ist, dass man sich nach jeder Diät wieder mit Heißhunger auf das Essen stürzt, weil der Körper in Alarmbereitschaft ist.
Auf Dauer ist Krankheit und mangelnde Belastbarkeit die Folge des ewigen Zu- und Abnehmens. Besonders fatal wirkt sich dieses Immer-wieder-Diät-Halten in der Zeit des Stillens und der Wechseljahre aus. Hier wird der Körper durch die Umstellung besonders gefordert und es sollte eigentlich nur das Beste gut genug sein. Regelmäßiges Essen kann einen großen Beitrag leisten, um wieder das richtige Maß zu finden. Es entsteht ein positives Gleichgewicht, der Körper ist nicht in ständiger Alarmbereitschaft, weil er einmal viel zu viel verdauen muss, ein anderes Mal wieder auf Hungertour geschickt wird. Regelmäßige maßvolle Mahlzeiten fördern natürlich auch die innere Ausgeglichenheit.

Das Märchen vom fehlenden Sättigungsgefühl

Interessanterweise wird Menschen mit Gewichtsproblemen nachgesagt, dass sie ihr Sättigungsgefühl verloren haben. Ich habe in einer Umfrage Menschen mit Gewichtsproblemen (und natürlich auch solche, die keine haben) befragt, wie es mit ihrem Sättigungsgefühl aussieht. Menschen, die schlank sind, essen mit einer positiven Einstellung die Menge, die ihnen guttut, und hören auf, wenn sie genug haben. Menschen mit Gewichtsproblemen denken nach dem Essen meist „schon wieder zu viel", das heißt, sie haben nicht das Sättigungsgefühl verloren, sondern einfach das Hören auf die innere Stimme.

Einfach essen

Während ich an diesem Buch arbeite, habe ich gerade im Radio ein Interview mit einer über 100-Jährigen gehört, die nach ihrem Rezept für ein langes Leben gefragt wurde. Sie meinte, es gibt keines, allerdings ist sie der Meinung, dass ihre bescheidene Lebensweise in Bezug auf Essen und auch die Regelmäßigkeit ihr sicher sehr gut getan haben.

Ich kann mich erinnern, dass es in meiner Kinderzeit einfach überhaupt nicht üblich war, irgendetwas zwischendurch zu essen, außer vielleicht ein Joghurt oder etwas Obst. Es waren auch nicht regelmäßig süße Snacks im Haus. Mehlspeisen gab es sonntags und ansonsten war die Ernährung sehr einfach gehalten und hatte auch nicht diesen extremen Stellenwert wie heute, wo wir durch Werbung ständig darauf hingewiesen werden, was denn gerade für uns gut sein soll.

Niemand hat unseren Müttern gesagt, mit dem Kauf eines picksüßen Schoko-Eises würden sie zu guten Müttern werden, und Pralinen auf Vorrat mussten sie auch nicht kaufen, um einen Spieleabend liebevoll zu gestalten. Sie haben einfach gekocht, was die Jahreszeit geboten hat, und mir ist z.B. die Schottsuppe und das Kirschmus meiner Großmutter in Erinnerung, das war jedesmal ein Festessen. Oder die herrlich flaumigen Zwetschkenknödel meiner Mutter. Der große Kirschbaum steht heute noch im Garten meines Elternhauses und wird achtsam von meinem Bruder gepflegt.

Die Selbstverständlichkeit, mit der wir uns gesund ernährten, fasziniert mich noch heute. Und es war auch sehr einfach, sich gesund zu ernähren, weil es ja keine Alternativen gab.

Gesunde Ernährung war viel leichter durchzuführen als heute, wo von allen Seiten eindröhnt, was nicht alles gesund wäre.

Maßhalten war früher deshalb einfacher, weil es eben nicht mehr gab. Heute ist Maßhalten eine große Herausforderung geworden und das Überangebot macht es natürlich nicht unbedingt leichter, dass wir unsere guten Vorsätze immer einhalten.

Ich denke aber, dass Maßhalten der Schlüssel zum Erfolg ist. Maßhalten funktioniert aber nur, wenn wir unsere Gier überwinden und erkennen, wie sehr wir uns mit der Maßlosigkeit schaden.

Was ist das richtige Maß?

Verwirrt durch die vielen unterschiedlichen Angaben, was Kalorienanzahl, BMI, höchstzulässiges Körpergewicht etc. betrifft, haben wir verlernt, das Maß in uns selbst zu finden. Unser Körper und Geist signalisiert uns sehr deutlich, wann es „genug“ ist, sei es durch Völlegefühl, Trägheit oder Schmerzen. Auch werden wir innerlich unruhig und unzufrieden, wenn wir permanent über die Stränge schlagen. Hier hinzuhören und die eigene Stimme wahr- und ernst zu nehmen, bedeutet, mit sich selbst in Einklang zu kommen. Oft wird weiter gegessen, um die innere Stimme zum Schweigen zu bringen.

Der einfachste und kürzeste Weg für das richtige Maß ist die innere Stimme, die unser bester Freund ist, die wir aber oft einfach nicht hören wollen. Vertrauen Sie Ihrer inneren Stimme!

Portionsgröße

Wissen Sie, welche Portionsgröße Sie benötigen, um sich gesund und ausgewogen zu ernähren, oder sind Sie von den vielen Empfehlungen verwirrt? Sind es nun 100 g pro Person oder die Größe einer Handfläche? Oder dürfen Sie von Nudeln essen, so viel Sie möchten, weil das nicht dick macht?
Wir hatten zu Hause ein Gasthaus und meine Mutter war bekannt für die großen, reichhaltigen Portionen, die sie anbot. Wissen Sie, welche Tellergröße damals verwendet wurde? Eine Größe, die heutigen Desserttellern gleichkommt!
Die Portionen sind heute sicher doppelt so groß und wir müssen aufpassen, dass wir die Portionsgrößen, die man bekommt, wenn man essen geht (außer in Hauben-Restaurants, da ist meist das Gegenteil der Fall) nicht 1 : 1 auf zu Hause ummünzen. Auch im Handel haben sich die Verpackungsgrößen nach oben hin geändert: Getränke waren vor Jahren in 1-l-Flaschen abgefüllt, Schokolade mit 100 g war eine große Tafel.

Was ist also die richtige Portionsgröße?

Ich würde jetzt sehr gerne schreiben, dass z.B. Ihre Portionsgröße genau 125 g haben soll. Das würde es für Sie und mich leichter machen. Aber, Sie werden es schon beim Lesen des Buches gemerkt haben, Sie bekommen hier keine Anleitungen, die vielleicht auf den einen zutreffen, die aber für den anderen leider nicht passen. Denn die richtige Portionsgröße kann an manchen Tagen größer sein, weil man an diesem Tag gerade so richtig viel Stress hat und gefordert ist. An einem anderen Tag, wenn man z.B. am Vortag zu üppig gegessen hat, reicht eine kleinere Portion. Wichtig ist einfach nur, kurz bewusst zu überlegen, was brauche ich heute eigentlich. Dann findet man mit der Zeit für sich selbst die richtige Portionsgröße heraus. Die täglich anders aussehen kann.
Wer unbewusst seine Portion zubereitet, wird fast mit Sicherheit immer zu viel auf dem Teller haben.

„Die Augen sind größer als der Mund“

Diesen Spruch haben Sie auch sicher schon des Öfteren gehört oder daran gedacht. Immer wieder nehmen wir uns zu viel auf den Teller, da spielt die innere Angst, zu wenig zu bekommen, eine große Rolle. Also ruhig weniger auf den Teller legen, als man ursprünglich vorhatte, denn das ist meist genug. Und wenn nicht, kann man sich noch etwas nachnehmen. Ich halte viel davon, das Essen auf einer Warmhalteplatte am Tisch zu servieren, sodass sich jeder dann selbst davon nehmen kann. Und auch, dass jeder sagen kann, wieviel er möchte, z.B. „heute habe ich richtig Hunger“ oder „mir nicht so viel, habe am Nachmittag ein Kuchenstück gegessen“.

Scheuen Sie sich nicht davor, auch einmal etwas übrig zu lassen. Gerade wenn man wo zu Besuch ist, dann ist das oft schwierig. Aber es ist kein Zeichen, dass es einem geschmeckt hat, wenn man den Teller leer gegessen hat, genauso wie es kein Zeichen ist, dass die Mahlzeit nicht gut war, wenn man einmal nicht aufisst. Mit dem Satz „danke, es war ausgezeichnet, aber ich habe genug“ wird der Gastgeber sicher verstehen, dass man sein Essen geschätzt hat. In Gasthäusern und Hotels rechnet man aufgrund der sehr, sehr großen Portionen sowieso damit, dass der Gast nicht alles aufessen kann. Man beleidigt also niemanden damit, wenn man auf sein eigenes Sättigungsgefühl hört.

Bei mehrgängigen Menüs ist es oft schwieriger, das richtige Maß zu finden, denn bis man bei der Nachspeise gelandet ist, hat man meist schon das Gefühl, wirklich genug zu haben. Eine Pause zwischen Hauptmahlzeit und Nachspeise sollte daher nach Möglichkeit eingehalten werden. Und es ist ja auch nicht jeden Tag so, dass man ein vollständiges Menü isst.

Langsam essen und gut kauen

Wer langsam isst und sein Essen sehr gut kaut, auch ab und zu einmal das Besteck zur Seite legt und sich auf den Geschmack besinnt, der ist kaum in Gefahr, zu viel zu essen. Hastiges, achtloses und unaufmerksames Essen fördert es, zu große Portionen zu sich zu nehmen. Es ist sehr schön, Menschen, die genießen, beim Essen zuzusehen. Andererseits weckt jemand, der sein Essen hastig hin-

unterschlingt, nicht unbedingt den Appetit. Hastiges Essen ist auch einfach ungesund. Man ist gestresst und dieser Stress geht dann durch den Magen.
Haben Sie schon einmal versucht, einen Bissen 30 x zu kauen? Nicht, dass ich dafür plädieren möchte, wie eine Maschine jeden Bissen exakt 30 x zu kauen, aber das Mitzählen hat wirklich was auf sich. Einerseits merkt man, wie weit man davon entfernt ist, die Nahrung gründlich zu kauen, und andererseits wird der Geschmack der Speisen viel intensiver erlebt, da dadurch verstärkt Aromastoffe freigesetzt werden.
Es ist eigentlich auch eine ganz amüsante Übung: Während die anderen (soweit sie nicht auch das „Geheimnis" des 30 x Kauens kennen), die mit einem am Tisch sitzen, schon längst fertig sind, hat man selbst wahrscheinlich noch die halbe Mahlzeit am Teller. Was folgt, sind meist ein bisschen irritierte Blicke und ein fragendes „Schmeckt's dir nicht?"
Genauso wie wir uns gegenseitig mit unserer hastigen Essensweise beeinflussen, beeinflusst auch jemand, der am Tisch sitzt und seine Mahlzeit bewusst genießt und gut kaut, die anderen und es führt mit der Zeit zu einer automatischen Entschleunigung.

Achtsam sein

Achtsames Zubereiten der Mahlzeiten, die Aufmerksamkeit auf die Portionsgröße zu richten und nicht aus Gedankenlosigkeit oder Höflichkeit weiterzuessen, wenn man eigentlich schon satt ist, das führt mit der Zeit zu einem entspannten Verhältnis zu dem was man isst, denn man entscheidet selbst, was für einen gut ist. Hier gilt es wieder, auf die eigene innere Stimme zu hören. Und wie Sie ja mittlerweile wissen, ist die innere Stimme Ihr bester Freund, der es gut mit Ihnen meint.

Zwölf goldene Regeln fürs Abnehmen

Wir können alles genießen und zu uns nehmen, wenn wir während des Abnehmens ein paar einfache Regeln befolgen, die man übrigens auch für eine gesunde Ernährungsumstellung nutzen kann:

1 Jahreszeitlich frühstücken

Die Natur bietet zu jeder Jahreszeit unterschiedliche Pflanzen, die genau auf den Bedarf unseres Körpers abgestimmt sind. Besonders wertvoll sind im Frühling gepresste Säfte aus Brennnessel und Löwenzahn. Während der wärmeren Jahreszeit tut dem Körper ein Müsli mit Buttermilch oder Joghurt gut, während man in der kälteren Jahreszeit erwärmte Magermilch bevorzugen soll.
Eine der wesentlichen Ursachen für Gewichtsprobleme ist unter anderem auch der Verzicht aufs Frühstück. Natürlich können Sie abnehmen, wenn Sie das Frühstück weglassen (haben Sie wahrscheinlich schon gemacht) und somit die Kalorien reduzieren, aber langfristig schaden Sie Ihrem Körper damit.
Ein Frühstücksmüsli mit Haferflocken und Leinsamen schützt Sie auch vor den gefürchteten Heißhungerattacken. Leinsamen sind zudem verdauungsfördernd, Gesundheit beginnt in einem aktiven Darm.
Trockenfrüchte eignen sich gerade in der kalten Jahreszeit hervorragend als Beigabe zum Müsli. Es lohnt sich, einen Dörrapparat zu kaufen und sich die Früchte selbst zu dörren. Erstens hat man dann Trockenfrüchte, die ohne Konservierungsmittel hergestellt sind, zweitens geben die Früchte während des Dörrvorganges einen richtigen Wohlfühlduft ab, und drittens sind sie auch noch wesentlich preisgünstiger als gekaufte Trockenfrüchte. Sie können Birnen und Äpfel samt Schale nach dem Entkernen mit dem Gemüsehobel hobeln und dörren (siehe auch die Ausführungen zu Dörrobst im Kapitel *Obst*).
Wenn Sie Gebäck zum Frühstück bevorzugen, tun Sie das ohne Reue. Auch ein frisches Croissant oder eine resche Semmel mit

Butter und Marmelade kann ein genussvolles Frühstück sein, nur eben nicht jeden Tag. Wechseln Sie mit gesundem Vollkornbrot und probieren Sie einmal Magertopfen mit Honig als Belag.

2 Tägliche Morgengymnastik

Es gibt viele Möglichkeiten, seine Morgengymnastik zu gestalten, und Sie werden schon sehr bald Ihre Lieblingsübungen herausfinden. Genauere Anleitungen finden Sie im Kapitel *Bewegung im Lauf der Jahreszeiten*.
Anfangs sollten Sie ganz langsam beginnen, einige einfache, aber effektive Übungen. Ob Sie Yoga, die fünf Tibeter oder Rhythmische Gymnastik bevorzugen, bleibt Ihnen überlassen. Jedenfalls sollten Sie sich nicht verpflichtet fühlen, das Programm starr durchzuziehen, sondern auch auf Ihre Tagesverfassung reagieren.
Morgengymnastik beginnt mit dem Wunsch, dem Körper etwas Gutes zu tun, nach einiger Zeit verliert man wahrscheinlich die Lust oder meint man hat keine Zeit. Diese Phase erfordert besonders viel Disziplin und manchmal auch die Notwendigkeit, die Übungen einfach auch einmal lustlos zu absolvieren. Wenn man dran bleibt, dann wird die Morgengymnastik nach einiger Zeit zur Gewohnheit und zu einem wesentlichen Bestandteil des täglichen Wohlbefindens. Es ist auch ein guter Parameter festzustellen, wie man sich gerade fühlt.
Durch die Gymnastikübungen bekommen Sie auch ein besseres Körpergefühl, das heißt, Sie spüren Ihren Körper wieder. Legendär die frühmorgendliche Sendung von Ilse Buck im ORF-Radio, da hatte man schon beim Zuhören das Gefühl, etwas für den Körper getan zu haben. Wer sich unter Anleitung mit regelmäßiger Bewegung leichter tut, kann sich entweder mit CDs oder DVDs behelfen.

3 Abwarten und Tee trinken

Um das Trinken nicht zu vergessen, ist es sinnvoll, wenn Sie sich gleich morgens 1 Liter Tee zubereiten, und zwar eine sehr leichte Mischung. Man sollte die Teesorten immer wieder wechseln und auf besonders hohe Qualität achten. Der Tee sollte nur sehr leicht angerichtet sein (auf 1 Liter 1 Teesackerl oder die entsprechende Menge lose Teemischung) und ungesüßt. Man kann Tee durchaus auch während der wärmeren Jahreszeit trinken, da er in einem Glaskrug sehr schnell abkühlt. Kräutertees haben viele wertvolle Inhaltsstoffe, die z.B. auf die Verdauung anregend oder beruhigend wirken. Wichtig ist, die Teemischungen zu wechseln (siehe auch Kapitel *Teezeit*).

4 Einladungen mit Freude annehmen

Wenn Sie mit Freude eine Einladung annehmen und es sich so richtig schmecken lassen, dann werden Sie diese Speisen auch gut verdauen. Wir haben oft, gerade wenn wir schon über Jahre und Jahrzehnte mit dem Gewicht gekämpft haben, innerlich gespeichert, dass wir nichts mehr richtig genießen dürfen.
Aber dessen können Sie sich sicher sein: Es wird, wenn Sie Ihre Ernährung umstellen, bald eine Einladung zu einer Grillparty, einer Hochzeit oder einem anderen Fest hereinflattern.
Warum sollte man diese Einladung von Freunden nicht mit Freude annehmen? Besser, als sich zu kasteien, ist, am nächsten Tag einen kalorienreduzierten Tag einzulegen, da man sowieso keine großen Hungergefühle hat (siehe auch Kapitel *Feste feiern, wie sie fallen*).

5 Wöchentlicher Entschlackungstag

Es ist noch gar nicht so lange her, da war der Freitag ein Fasttag. Das hat sich im Laufe der Zeit verändert, auch die Sonntage sind nicht mehr so, dass sie sich gravierend von den Wochentagen unterscheiden. Anstelle des Freitags können Sie an einem beliebigen Wochentag, der für Sie selbst gut passt, einen kalorienreduzierten Tag oder, in der kalten Jahreszeit noch besser, einen Suppentag einlegen (siehe auch Kapitel *Im Rhythmus leben*). Nur eine Bitte: Halten Sie immer am selben Wochentag fest – nur so kommen Sie zu Ihrem eigenen Rhythmus.
Sie finden für jede Jahreszeit (außer für den Sommer) die passenden Suppenrezepte im Rezeptteil.

6 Unbewusst zwischendurch essen

Die meisten überflüssigen Kilos nimmt man zu, wenn man permanent zwischendurch oder während des Kochens einmal hier und einmal da etwas nascht. Diese kleinen Sünden passieren meist unbewusst und haben doch in Summe eine große Wirkung auf das Wohlbefinden und eben auch auf das Körpergewicht. Allerdings spricht überhaupt nichts dagegen, zwischendurch etwas zu essen, wenn man Hunger hat, oder wenn es gerade eine nette Gesellschaft gibt, oder man sich mit einer Freundin zu Kaffee und Kuchen trifft.

7 Verbote bringen nichts

Wenn man sich grundsätzlich dafür entscheidet, keine Zwischenmahlzeiten mehr zu sich zu nehmen, dann sollte man sich nicht zu sehr darauf konzentrieren, keine Schokolade oder keinen fetten Riegel zu essen. Denn dann lenkt man die ganze Aufmerksamkeit dorthin und ist schon mitten drinnen in einem Kampf, den man langfristig nicht gewinnen kann.
Einfacher ist es, auf die vielen herrlichen Obst- und Gemüsesorten hinzuzielen und auf die Schokolade keine Energie zu verschwenden. Durch die Umstellung der Ernährungsgewohnheiten in Kombination mit Bewegung hat der Körper nach einiger Zeit gar kein Verlangen mehr nach zu viel an Schokolade.

8 Schweinsbraten und Co.

Gerade wer viel und hart arbeitet (und das betrifft uns ja heute alle), braucht auch Nahrungsmittel, die Kraft geben. Von Salat oder Mozzarella mit Tomate wird man weder satt noch dauerhaft schlank – und das gilt besonders für die Herbst- und Wintermonate. Natürlich nimmt man davon ab, aber auch an innerer Kraft und Stärke.
Verzichten Sie nicht auf Ihren Lieblingsschweinsbraten – aber ersetzen Sie die traditionellen Beilagen wie mitgebratene Kartoffeln und Semmelknödel durch frisch gehobeltes, gedünstetes Kraut oder Kohl. Sie werden nach dem Essen feststellen, wie wohl Sie sich fühlen. Und wenn Sie eines Sonntags oder bei einem Fest den Schweinsbraten mit Knödeln und Sauerkraut serviert bekommen, dann genießen Sie es!

9 Jahreszeitlich essen

Durch die Umstellung der Ernährung auf die jahreszeitlichen Angebote hat auch der Körper immer wieder neue Anreize und die Verdauung bleibt viel besser in Schwung. Die Darmtätigkeit wird reger, weil nicht zu jeder Jahreszeit die gleichen Lebensmittel gegessen werden. In diese Ernährungsform kann man jederzeit einsteigen und bereits nach kurzer Zeit werden Sie merken, wie sich Ihre innere Zufriedenheit erhöht und die körperliche Belastbarkeit steigt.
Im Frühling wachsen eher entschlackende Lebensmittel, im Sommer gibt's wasserreiche Gemüsesorten und Obstsorten, der Herbst bietet schon richtig gehaltvolles Obst und Gemüse, aber auch noch wasserreiche Sorten, sodass man sich gut auf den Winter umstellen kann. Im Winter können wir wärmende Wurzelgemüse, Kraut und Kohl genießen.

10 Dankbar sein

Zu einer gesunden und ausgewogenen Ernährung gehört auch, dass man dankbar annimmt, dass wir in einer Zeit und Gesellschaft leben, wo uns Nahrungsmittel in Hülle und Fülle zur Verfügung stehen.

11 Ausrutscher akzeptieren

Nach einiger Zeit mit jahreszeitlicher Ernährungsweise sind Sie sich vielleicht schon so sicher, dass es „klick“ gemacht hat, und Sie sind der Meinung, Ihnen kann nie wieder ein Ausrutscher passieren, Sie haben kapiert, wie es geht. Und im gleichen Augenblick kommt der unvermeidliche Ausrutscher: Sie können die Chipstüte einfach nicht aus der Hand geben!
Ich bin überzeugt, dass man diese Rückfälle in alte Gewohnheiten braucht, um letzten Endes konsequent seine Ernährung umzustellen. Aber man muss sie akzeptieren lernen. Und eines sollte man keinesfalls tun: mit der Haltung „jetzt ist eh alles egal“ reagieren. Wenn Sie sich auf einem guten Weg befinden, werden Sie spüren, dass Ihnen eine ungesunde Ernährung nicht guttut. Vorher waren Sie sich vielleicht dieses engen Zusammenhanges nicht bewusst

und wollten „nur“ abnehmen, um eine bessere Figur zu haben. Jetzt kennen und spüren Sie Ihren Körper so gut, dass Sie die Unterschiede wahrnehmen. Wenn das geschieht, können Sie sicher sein, dass Sie die Ernährung dauerhaft umstellen werden.

12 Auswirkungen gesunder Ernährung erkennen

Wenn Sie einen Einblick in gesunde und ausgewogene Ernährung im Laufe des Jahreskreises gewonnen haben, die positiven Auswirkungen auf Körper und Geist kennengelernt haben, dann können Sie gewiss sein, dass Sie eine dauerhafte Ernährungsumstellung schaffen.

Was ist mein Ziel?

Ziele, die nicht klar definiert sind, führen nicht zum gewünschten Erfolg. Nun heißt es, in sich hineinzuhorchen und die – meist unbewussten – Ziele in die richtige Richtung zu lenken.
Ein Ziel kann man nur erreichen, wenn man vorher bereit ist, einen Weg zu gehen. Ziele sind mit Handeln und Tun verbunden. Nur das, was diesem einfachen Prinzip entspricht, kann umgesetzt werden.
Ziele wie „ich will nicht mehr zunehmen" haben keine konkrete Formulierung und sind kein konkretes Tun, während ein Ziel wie „jetzt trinke ich ein erfrischendes Glas Wasser" konkretes Tun ist.

Vermeintliche Zielvorstellungen, die in die Frustfalle führen:

- Ich will schlank sein.
- Ich will so aussehen wie jemand, der um 15 cm größer ist als ich (eines der sehr weit verbreiteten Ziele und eines, das mit Sicherheit nicht erreicht werden kann).
- Ich will nicht mehr so viel essen.
- Ich will endlich abnehmen.
- Ich werde jetzt diese Diät machen und dann geht es wieder so weiter wie bisher.
- Ich will an bestimmten Stellen abnehmen (klappt sehr selten ohne langfristige Ernährungsumstellung in Kombination mit gezielter Bewegung).
- Ich will nicht mehr dick sein.
- Ich will nicht mehr zunehmen.
- Ich muss wieder einmal etwas tun um abzunehmen (aber was?).

Konkrete Ziele zum Erfolg:

- Ich kaufe heute saisonales Obst und Gemüse.
- Ich ziehe meine Walk-Schuhe an und gehe los.
- Ich entspanne auf meiner neuen lila Yoga-Matte.

Mentale Ziele

Leider können innere Überzeugungen und „Glaubenssätze" selbst unsere besten Vorsätze über den Haufen werfen.

Unbewusste Glaubenssätze, die uns hindern, ein Ziel zu erreichen:

- Ich glaube anderen mehr als mir selbst und vertraue mir nicht.
- Ich glaube, wenn ich schlank bin, werde ich dieses oder jenes erreichen.
- Ich glaube, wenn ich schlank bin, werde ich beliebter sein (das ist eine der größten Irrtümer, denn meist sind Menschen, die etwas fülliger sind, beliebter; eine sehr gute schlanke Figur kann auch oft Neid hervorrufen).
- Ich glaube an die Schlankheitsversprechungen von Frauenzeitschriften.
- Ich glaube den Werbeversprechen, die denaturierte Produkte anpreisen.

Glaubenssätze, die zum Ziel führen:

- Die Natur hat alle Nahrungsmittel so gemacht, dass sie für meinen Körper gut sind.
- Ich vertraue mir, dass ich auf dem richtigen Weg bin, und erkenne, was mir guttut.
- Ich bin mit mir selbst geduldig.
- Ich liebe mich so wie ich bin.
- Ich weiß, dass ich meine Ernährung umstellen kann.
- Ich bin dankbar für die Fülle an Nahrungsmitteln, die mir zur Verfügung stehen, mein Körper zeigt mir, was gut für ihn ist.

„Ziele erreicht man, indem man gleich beginnt, etwas zu tun."

Damit's auch im Alltag funktioniert

Kurzfristig ist es natürlich möglich, für die Familie anders zu kochen als für sich selbst. Allerdings bekommt man mit der Zeit Stress und auch die zusätzlichen Lebensmittelkosten sind nicht unerheblich.
Mit einigen wenigen Änderungen lässt sich eine kalorienreduzierte Ernährungsform für die Zeit des Abnehmens leicht umsetzen:

- für sich zu Fleischspeisen auf einen Teil der Nudeln, Kartoffeln und Reis verzichten und die Gemüsebeilage erhöhen
- fettarme Milchprodukte verwenden
- nur hochwertige Öle und Fette verwenden (maßvoll)

Das Positive an der jahreszeitlichen Ernährungsweise ist, dass keinerlei Mangelerscheinungen entstehen und der Bedarf an Ballaststoffen, Vitaminen und Mineralstoffen abgedeckt ist.
Maßhalten ist vor allem eines: ein Übungsprozess! Ein Lernprozess, der sich im Kopf abspielt. Und es erfordert auch Durchhaltevermögen, gerade das ist oft geschädigt, wenn man schon zu viele negative Erfahrungen mit Diäten gemacht hat. Die meisten Diäten sind längerfristig erfolglos, da das abgenommene Gewicht nach kurzer Zeit wieder zugenommen wird und auch meist noch ein paar Kilos dazu. Aber Maßhalten lässt sich lernen und zwar, indem man sich die Ernährungsumstellung wie einen geraden Weg vorstellt, den man sich vorgenommen hat zu gehen. Bei jedem Abweichen ist es wichtig, nicht zu sagen „ist eh schon egal", sondern immer wieder auf den „richtigen" Weg zurückzukommen. Man muss wissen, dass man jederzeit wieder weitermachen kann.
Unser normales Verhalten auf Gewichtszunahme nach erfolgreichem Abnehmen ist nämlich Resignation und Frust. Somit beginnt wieder der Kreislauf, die unangenehmen Gefühle „hineinzufressen".
Darum ist langfristig nur eine Ernährungsumstellung zur Gewichtsreduzierung erfolgreich.

Üben, üben

Eine Ernährungsumstellung kann man vergleichen mit dem Erwerb des Führerscheines. Zuerst eignet man sich das theoretische Wissen an und vor der ersten Autofahrt denkt man sich, kann ja nicht so schwer sein. Man weiß ja, wie die Gänge zu schalten sind, wie das Lenkrad zu bedienen ist und wo die Scheibenwischer eingeschaltet werden. Trotzdem kommt nach einigen Fahrstunden die Erkenntnis, dass Theorie und Praxis weit voneinander entfernt sind. Aber der absolute Wille, das Auto zu lenken, lässt einen immer wieder üben. Letztlich gehen einem die Abläufe in Fleisch und Blut über, sodass man gar nicht mehr nachzudenken braucht. So ist es auch mit der Ernährungsumstellung. Man weiß grundsätzlich ja, was gesund ist, aber bis es so weit ist, dass einem die neue Ernährungsform in Fleisch und Blut übergeht, kommen auch oft Frust und Zweifel dazwischen. Wenn man aber wirklich etwas verändern möchte, dann wird man dranbleiben. Und so sind einige der wichtigsten Fragen, die man sich z.B. bei einer täglichen Meditation stellen sollte: „Will ich das wirklich und glaube ich daran?" „Bin ich völlig davon überzeugt, dass dieser Weg, diese Ernährungsform, der absolut richtige ist?" Die innere Sicherheit, die man dadurch gewinnt, bringt den gewünschten Erfolg. Irgendwann verschwindet der Kampf und die Freude über eine gesunde Lebensweise wird zu einem Teil unserer Persönlichkeit.

Abnehmen beginnt im Kopf

Ja, Abnehmen beginnt im Kopf, aber mittlerweile gibt es zuverlässige Studien, die darauf hinweisen, dass viele Signale vom Darm ausgehen. Grundsätzlich spielt es keine Rolle, woran es liegt, denn unser Ziel sollte sein, Körper, Geist und Seele in Einklang zu bringen, sodass wir so handeln, wie es für unser körperliches, geistiges und seelisches Wohlbefinden gut ist. Eines der schönsten Erlebnisse, die man im Laufe der jahreszeitlichen Ernährungsumstellung erlebt, ist, dass es plötzlich scheinbar mühelos gelingt, sein Wohlfühlgewicht zu halten.

Muster im Kopf

Wer sein eigenes Muster erkennt, der hat schon ein gutes Stück auf dem Weg zu einer gesunden und ausgewogenen Ernährung geschafft. Man braucht da auch gar keine Kategorisierung in Frust- und Stressesser, sondern sollte einfach in sich hineinhorchen, dann bekommt man auch die Antwort.

Eine solche Muster-Antwort könnte zum Beispiel sein:
- Wenn es schwierig wird, gebe ich einfach auf.
- Aus „Erfahrung" weiß ich, dass ich meine Leistungsfähigkeit mit Süßigkeiten kurzfristig steigern kann.
- Meine Stimmung verbessert sich, indem ich mir eine Tafel Schokolade hineinstopfe.
- Mit einem „Schutzmantel" aus mehr Gewicht spüre ich vielleicht auch Kränkungen nicht mehr so sehr.
- Ich habe ein süchtiges Kaufverhalten, dem ich mich nicht stellen mag, und verdränge die Gedanken an meinen Kontostand mit einer riesigen Portion Nudeln ins Unterbewusste.
- Wenn ich die Berührung meines Partners, meiner Partnerin nicht ertrage, weil die Beziehung nicht mehr stimmig ist, spüre ich es nicht so, wenn ich eine „Knautschzone" habe.
- Weniger Gewicht verunsichert mich, mehr Gewicht gibt mir das Gefühl, fester am Boden zu stehen.

Wenn man diese Muster erkennt, dann hat man schon fast gewonnen, es ist nur mehr ein kurzer Weg zur dauerhaften Veränderung. Man erlebt dann zwar noch einige Male, dass man eben z.B. zu der geliebten Schokolade greift, spürt aber den „positiven" Effekt nur kurzfristig und sieht, was der übermäßige Genuss später anrichtet, nämlich Gewichtszunahme, innere Unruhe, schlechte Haut und nervliche Überreizung.

Andere Wege suchen

Es gibt noch viel mehr Wege, Stress zu reduzieren, als haufenweise Schokolade zu essen, z.B. Atemübungen, Yoga, meditatives Gehen oder schnelle Sportarten. Jeder muss da für sich selbst den richtigen Weg finden.

Ich habe einen Bekannten, der eine eigene Firma hat und extrem stressresistent ist. Er geht von Zeit zu Zeit im Laufschritt auf den nächsten Berg und powert sich so richtig aus. Ich hingegen bevorzuge eher ruhigeren Stressabbau. Es gibt hier auch keine Empfehlung. Probieren Sie einfach die verschiedenen Wege aus – Sie spüren selbst am besten, was für Sie gut ist.
Ist man sehr gestresst und beginnt mit Atemübungen, so wird man anfangs fast davonlaufen wollen. Aber es lohnt sich, in ruhiger Stellung auszuharren, bis man innerlich ruhig wird. Als ich mit Yoga begann, war ich unfähig, untertags 20 Minuten ruhig dazuliegen und bewusst ein- und auszuatmen. Meine Atmung war gehetzt, so wie ich auch. Heute kann ich mich innerhalb von zwei Minuten entspannen, achte aber auch untertags sehr auf bewusstes Atmen (siehe auch Kapitel *Heute schon geatmet?*).

Den eigenen Weg finden

Gerade wenn wir jahrelang gegen die überflüssigen Kilos vergeblich gekämpft haben, ist unser Selbstbewusstsein sehr angeschlagen. Das macht auch so offen für Anweisungen von außen. Es ist daher wichtig, den Blick nach innen zu richten und wieder einen liebevollen und positiven Kontakt zum Körper zu entwickeln.

Liebe ich meinen Körper?

Eine Bekannte erzählte mir einmal, sie wäre mit ihren Freundinnen in einer Therme zum Relaxen gewesen. Und sie meinte: „Wir sahen alle aus wie Witzfiguren, einfach unmöglich“. Wie denken wir über unseren Körper? Verachten wir ihn, weil er so ist, wie er ist? Hassen wir ihn, weil er Mängel aufweist, wie zu dicke Oberschenkel, einen Bauch, der die Taille verdeckt, oder Oberarme, die in jedem T-Shirt feststecken? Wenn wir unseren Körper hassen, so hassen wir uns selbst.
Wir sind es, die unseren Körper zu dem machen, wie er ist.

Loslassen und vertrauen

Wer sich jahrelang immer wieder mit Diäten und neuen Ernährungsvorschriften kasteit hat und immer wieder gescheitert ist, dessen größtes Problem ist nicht die Disziplin, sondern das Loslassen. Unser Körper ist darauf ausgerichtet, dass er weiß, was für ihn gut ist. Es klingt so einfach und ist es auch. Ernährung ist keine komplizierte Sache, sie ist nur kompliziert geworden, weil wir ständig den unterschiedlichen Einflüssen von Werbung ausgesetzt sind.

Schokolade und andere zarte Versuchungen

Man kann es gar nicht oft genug erwähnen: Wichtig ist einfach nur, auf den Körper zu hören. Nicht beim ersten Bissen Schokolade schon im Hinterkopf zu sagen „jetzt ist schon alles egal, ich bin einfach zu schwach", sondern sich zurückzulehnen und warten, was passiert. Das ist, zugegeben, eine Übungssache, aber ich verspreche Ihnen, es wird Ihnen mit der Zeit nicht mehr gelingen, eine ganze Tafel Schokolade zu verdrücken. Und wenn Sie in einer extremen Stresssituation dieser zarten Versuchung einfach ausgeliefert sind und eine ganze Tafel Schokolade verschlingen – akzeptieren Sie es für sich selbst, für Ihr Ego, als Ausrutscher (siehe auch Kapitel *Zwölf goldene Regeln fürs Abnehmen*).
Ich bin der Meinung, dass es tatsächlich hilft, einmal nicht mit sich selbst so streng zu sein, dann verlieren sich die Heißhungerattacken auf Süßes von selbst. Der ewige Clinch mit sich selbst ist aufreibend und führt meist nicht zum Ziel.
Niemand hat ein gutes Körpergefühl, wenn er vor einer Viertelstunde eine Tafel Schokolade verdrückt hat. Aber er bringt es meist nicht mehr mit der Schokolade in Verbindung, sondern es gibt inzwischen schon wieder tausend Gründe, die man für schlechtes Wohlbefinden verantwortlich macht.
Seit ich Süßes bewusst in meine Ernährung einbezogen habe und es – in Maßen – bewusst genieße, kenne ich eigentlich nur mehr zu Stresshochzeiten übermäßige Lust auf Schokolade. Aber diese Zeiten sind viel, viel weniger geworden.

Schwach sein zulassen

Es gibt jeden Tag Situationen, in denen man sehr stark, aber auch sehr schwach ist. Wer in diesem ungesunden Kampf gefangen ist, Gewicht mit Willenskraft zu verlieren, der wird immer wieder

scheitern. Denn in diesen ungesunden Kampf fließt auch sehr viel Kraft, die man besser für etwas anderes einsetzt. Gewicht verlieren kann man nur, indem man dem Körper das gibt, was er benötigt, um gut zu funktionieren. Also: Nicht wir sagen dem Körper, was er braucht, sondern der Körper sagt es uns.
Klingt einfach, ist es auch.
Um die Leichtigkeit einer gesunden und ausgewogenen Ernährung zu genießen, sollte der Maßstab sein, den eigenen Körper zu lieben und auf ihn zu hören. Das heißt, wir müssen unseren Körper ab sofort, ab diesem Augenblick lieben, so wie er ist. Stellen Sie sich nackt vor den Spiegel und betrachten Sie sich und dann sagen Sie liebevoll zu Ihrem Körper: So wie du bist, so liebe ich dich. Sie werden sehen, dass das ein sehr tiefgreifender Augenblick ist und er kann intensive Emotionen auslösen. Wir alle möchten bedingungslos geliebt und angenommen werden, fangen wir also bei uns selbst an.

Einen liebevollen Umgang mit sich selbst entwickeln

Sich selbst zu lieben bedeutet, sich anzunehmen, so wie man ist, und nicht erst dann, wenn man 55,57 Kilogramm hat. Nur wenn man lernt, sich selbst zu lieben, kann man dauerhaft abnehmen und sein Gewicht auch halten. Man muss auch lernen, zu akzeptieren, dass unser Körper auch mit 55,57 Kilogramm mangelhaft sein wird. Diese leidvolle Erfahrung hat fast jeder gemacht, der schon einmal erfolgreich abgenommen hat. Man hat zwar sein Traumgewicht erreicht, aber die Kilos sind gerade an jenen Stellen am meisten gepurzelt, an denen man sowieso nicht unbedingt hätte abnehmen sollen.
Meine Freundin hat vor einigen Jahren sehr viel abgenommen. Und, man kann schon fast sagen, Gottseidank, auch wieder zugenommen. Warum? Sie sah wirklich schlecht und krank aus in der Zeit ihres dem üblichen BMI entsprechenden Gewichtes, weil sie einfach eine sehr starke Frau ist, die irgendwie in diese Norm nicht hineinpasst. Wie sie heute aussieht? Ich kann Ihnen versichern, sie ist eine äußerst attraktive Frau, das was man sich unter einer tollen, starken Frau vorstellt. Und sie hat mir einmal erzählt, wie unglücklich sie war, in der Zeit, als sie ihr „Traumgewicht" hatte, nämlich ausgemergelt und unweiblich.

Sich mit dem eigenen Körper auszusöhnen, so wie er ist, das ist die tragfähige Basis für eine vollkommen gelungene und dauerhafte Ernährungsumstellung. Ausstrahlung, Charisma und innerer Friede wird nämlich nur dann erreicht, wenn man sich selbst völlig angenommen hat. So wie meine Freundin.
Wenn Sie eine liebevolle Beziehung zu Ihrem Körper herstellen, dann werden Sie spüren, wie sehr Ihnen gesunde Lebensmittel guttun. Sie werden spüren, wie es sich auswirkt, wenn Sie genug Flüssigkeit zu sich nehmen. Sie werden merken, dass selbst Ihre Stimmungen von der Wahl und Qualität der Lebensmittel abhängen. Das Wichtigste aber wird sein, dass Ihr Körper und Geist eins werden. Sie haben einen neuen Weg eingeschlagen, der Ihnen die Möglichkeit gibt, dauerhaft stark, schlank und gesund zu sein. Aber auch schwierige Zeiten leichter zu überstehen.

Das Beste ist gerade gut genug

Unser Körper ist darauf ausgerichtet, dass er hochwertige Nahrung sehr gut verarbeiten kann, während er minderwertige Produkte nur mit enormem Aufwand in Energie umwandeln kann, wenn überhaupt. Aber alles hat seinen Preis. Kurz gesagt: Man erhält große Mengen minderwertiger Nahrung für wenig Geld und kleinere Mengen hochwertiger Nahrung für mehr Geld. So viel zu den Tatsachen.
Mit der Zeit wird man, wenn man die Ernährung auf hochwertige Nahrung umstellt ,aber bemerken, dass hochwertigere Nahrung glücklicher, zufriedener und leistungsfähiger macht. Auch ein selbstverständliches Sättigungsgefühl stellt sich ein. Man braucht keine so großen Mengen mehr, um satt zu sein, was zur Folge hat, dass unterm Strich das Budget für Nahrungsmittel gleich bleibt.

„Jahreszeitliche Ernährung macht stark und gesund.“

In der Gruppe wird's leichter

Haben Sie sich schon einmal überlegt, sich einer Abnehm-Gruppe anzuschließen? Eine solche Gruppe gibt Rückhalt und motiviert zum Weitermachen. In der Gruppe geht es leichter, leichter zu werden.

Man trifft sich einmal in der Woche, es gibt Wochenthemen, erstellt für sich selbst einen Wochenplan. Auch das Abwiegen gehört dazu (ob schon vorher zuhause oder dann in der Gruppe). Solch sensible Themen dürfen natürlich nicht nach außen getragen werden, daher sind Gruppenregeln und wertschätzender Umgang miteinander unbedingt notwendig.

Wichtig ist aber auch der Spaß – Heiterkeit und auch einmal Lachen über sich selbst sind erwünscht – sehen Sie die Ernährungsumstellung als positiven Lebensabschnitt.

Besonders günstig wirkt sich auf die Gruppe aus, wenn hin und wieder jemand eingeladen wird, der das Ziel schon erreicht hat.

Das klingt alles sehr plausibel, werden Sie sich jetzt denken – aber wo in meiner Umgebung gibt es eine solche Abnehm-Gruppe?

Warum nicht selber eine gründen? Sie kennen sicher ein paar Gleichgesinnte, die auch gerne ein paar Kilos loswerden möchten und die es auch schon des Öfteren versucht haben. Ideal ist eine Gruppengröße von 5–7 Personen.

Für weitere Informationen und Hinweise zur Gründung einer Abnehm-Gruppe stehe ich gerne zur Verfügung: Heidi Huber, e-mail: katzlmooshof1@aon.at

Stark von A bis Z

A – Atmen: Richtiges Atmen ist die Grundvoraussetzung für ein gutes Körpergefühl.

B – Bewegung: Nicht jede Art von Bewegung ist für jeden geeignet, mit der Zeit merkt man aber, was einem guttut.

C – chemisch veränderte Lebensmittel haben in einer gesunden, starken Ernährung nichts zu suchen.

D – Dosis: Wie bei allem im Leben – dosiert mit der Umstellung beginnen, ohne gleich von einem Tag auf den anderen alles verändern zu wollen.

E – Energie kommt im Laufe der Ernährungsumstellung in einem Ausmaß, wie man es vorher gar nicht ahnen kann.

F – Fernsehen macht dick und träge, also öfters mal abschalten und raus an die frische Luft.

G – Gesundheit sollte bei der Ernährungsumstellung an erster Stelle stehen.

H – Haltbarkeit besonders bei Milchprodukten genau beachten, da hier viele Produkte in Frischeregalen angeboten werden, die ein sehr langes Ablaufdatum haben und natürlich dementsprechend haltbar gemacht wurden.

I – Idealfigur sollte sich annähernd mit dem decken, was realistisch ist.

J – Jahreszeitenprinzip: Mit der Ernährung im Rhythmus der Jahreszeiten führt man dem Körper genau das zu, was er braucht.

K – Küche ist kein Platz, an dem minderwertige Arbeiten verrichtet werden, sondern ein Ort der Kreativität und Gesundheit.

L – Lachen hilft beim Abnehmen, manchmal ist es besser, die Dinge nicht so ernst zu nehmen.

M – Müdigkeit: Dauernde Müdigkeit ist sehr oft ein Zeichen von falscher Ernährung, kann aber auch Hinweis auf eine Krankheit sein und sollte daher immer ärztlich abgeklärt werden.

N – Natur: Je näher man mit seiner Ernährung an der Natur ist, desto weniger Gewichtsprobleme wird man haben.

O – Offenheit für Veränderung ist der Beginn eines positiven Ernährungsverhaltens.

P – Pfeffer: Willkommen in der reichhaltigen und geschmackvollen Welt der Gewürze und Kräuter, die eine der Säulen gesunder, naturnaher Ernährung sind.

Q – Qualität: Hohe Qualität steht vor Quantität – das Beste ist gerade gut genug.

R – regelmäßig: Regelmäßige Mahlzeiten sollten zu einer festen Gewohnheit werden.

S – Stoffwechsel: Mit jahreszeitlicher Ernährung bringt man den Stoffwechsel auf Trab, dadurch, dass dem Körper immer wieder neue für die Jahreszeit passende Nährstoffe zugeführt werden.

T – Talent zum Kochen hat jeder, es macht einfach Spaß, aus frischen, saisonalen Zutaten Speisen zu kreieren, die unserer Gesundheit guttun.

U – Untersuchungen: Viele Untersuchungen zum Thema Ernährung widersprechen sich, halten Sie sich an die Natur und Ihr inneres Gefühl und Sie werden schon bald spüren, was für Sie gut ist.

V – Verstand: Abnehmen mit Verstand heißt zu verstehen, wie perfekt die Natur alles gemacht hat.

W – Wasser: Sagen Sie nie mehr „nur“ Wasser, sondern im Gegenteil, versuchen Sie dankbar zu sein, dass wir eine sehr hohe Trinkwasserqualität in unseren Breiten haben. Wasser verdient unsere ganze Wertschätzung.

X – x-beliebig essen und trinken sollte man sich abgewöhnen, zu groß ist einfach das Angebot an ungesunden und denaturierten Lebensmitteln.

Y – Yoga ist eine sanfte Form harmonischer Bewegungsabläufe, um den Körper spüren zu lernen.

Z – Zuversicht: Auch bei kleinen Rückschlägen nie das Ziel aus den Augen verlieren, jeder, der den Weg einer dauerhaften und gesunden Ernährungsumstellung geht, wird damit zu kämpfen haben, aber mit der Zeit werden die Rückschritte weniger und es geht vorwärts!

Heute schon geatmet?

Na, freilich, werden Sie denken, was soll die Frage! Atmen ist selbstverständlich, denn Atmen ist Leben. Dann stellen wir die Frage anders herum: Heute schon richtig geatmet, sich frei geatmet, Sauerstoff getankt, tief Luft geholt? Oder atmen Sie oberflächlich, hektisch, sind Sie atemlos? Kriegen Sie vor lauter Stress keine Luft? Herrscht dicke Luft im Büro, schlechte Luft im Schlafzimmer oder trockene Luft im Wohnzimmer?

Man kann fast davon ausgehen, dass Gewichtsprobleme mit falscher Atmung einhergehen. Abgesehen davon drückt ein voller Darm natürlich auch auf die Atmungsorgane und erschwert freies und gelöstes Atmen. Eine der schönsten Erfahrungen der richtigen, regelmäßigen Ernährung ist, dass man wieder leichter Luft bekommt.

Man kann die Speisen besser verdauen, die Psyche wird ins Positive gestärkt und man ist fitter und frischer. Klingt alles sehr einfach, und das ist es auch.

Ich habe einmal an einem Seminar einer bekannten Sängerin teilgenommen, die uns den richtigen Atem näherbrachte. Wir wurden mit der Videokamera gefilmt und ich war entsetzt, wie hektisch und oberflächlich meine Atmung war, das war mir nie aufgefallen. Sie machte uns klar, dass richtiges Atmen erstens einmal

- bewusst gemacht werden muss und dann auch
- geübt werden muss.

Atme ich bewusst?

Meist wird einem das Atmen erst bewusst, wenn man sich überanstrengt hat und lange nach Luft ringen muss. Besonders wenn man mit körperlicher Aktivität beginnt, ist auch die Gefahr sehr groß, dass man am Anfang zu ehrgeizig ist. Durch das Beobachten der Atmung erkennt man sehr schnell, wo die eigenen Grenzen sind. Wer in einer Gruppe trainiert, der sollte sich nicht scheuen, die Übungen abzubrechen, wenn er außer Atem kommt.
Bewusstes Atmen lässt sich mit ganz einfachen Übungen lernen, man kann sich z.B. am Morgen nach dem Aufstehen ans Fenster stellen, die Arme in die Höhe strecken und einige Male tief ein- und ausatmen. In diesen Minuten sollte man bewusst auch negative Gedanken ausklammern und sich auf das Positive besinnen. Es gibt einige schöne Sprüche für den Morgen:

- „Danke für diesen neuen Tag, ich werde versuchen, das Beste daraus zu machen, danke für die Menschen in meiner Umgebung und für meine Gesundheit."
  Ich kenne einen Pater, der über 90 Jahre alt ist und sich jeden Tag bei all seinen Körperteilen (auch beim Darm für die Verdauung) bedankt, dass sie so gut funktionieren. Dann geht er in sein Badezimmer und setzt seine Brille auf, gibt den Hörapparat ins Ohr und die Zahnprothesen in den Mund. Und trotzdem ist er aus vollem Herzen dankbar.
- „Ich öffne die Augen und lächle, ein neuer Tag liegt vor mir, ich gelobe, auf alle Wesen mit den Augen des Mitgefühls zu schauen." (Buddhismus)

Während man diese Sätze sagt, kann man immer wieder dazwischen tief durchatmen.

Wie schule ich meinen Atem?

Natürlich kann man auch ein Seminar besuchen, wo richtiges Atmen beigebracht wird. Das ist besonders für Menschen, die an sich selbst bemerken, dass sie sehr falsch atmen, ein empfehlenswerter Weg. Den Atem kann man aber auch mit ganz einfachen Übungen schulen. Alleine schon das bewusste Atmen verändert den Atem und man spürt mit der Zeit selbst genau, was einem guttut.

Einfache Atemübungen

Man beginnt am besten, wie schon vorhin erwähnt, mit dem bewussten tiefen Ein- und Ausatmen am Morgen, das man einige Male wiederholt. Beim Gehen oder Walken lassen sich Atemübungen ganz leicht durchführen. Man geht einfach in der Geschwindigkeit, dass regelmäßiges Ein- und Ausatmen mit der Bewegung harmoniert. Ist man unter Stress, so kann man sich hinsetzen, die Augen schließen, Hände im Schoss falten und tief durchatmen. Jede Atemübung soll in dem Bewusstsein erfolgen, dass man seinem Körper und Geist etwas sehr gutes tut. Mit der Zeit wird richtiges Atmen zu einer Selbstverständlichkeit und unter Stress ist es dann kein Problem, sich mit ein paar tiefen Atemzügen wieder zu beruhigen.
Zu intensives Atmen kann allerdings die Folge haben, dass man Schwindelgefühle bekommt, weil der Sauerstoff- und Kohlenmonoxydgehalt im Körper in Ungleichgewicht gerät. Also, nicht übertreiben, sondern auf den Körper hören, er signalisiert genau, was für ihn gut ist.

Bauchatmung

Gehören Sie auch zu jenen, die unbewusst den Bauch immer eingezogen haben? Damit kann man sich förmlich die Lebensenergie „abschneiden“. Machen Sie täglich bewusst einige Bauchatemzüge. Sie werden merken, dass sich das sehr positiv auf die Verdauung und die Lebensenergie auswirkt. Um zu spüren, ob man richtig atmet, legt man beide Hände zum Bauchnabel hin auf den Bauch und konzentriert sich darauf, wie die Luft in den Bauch geatmet und wieder langsam ausgeatmet wird.

Durch die Nase einatmen

Die gesündeste Form von Atmung ist die Nasenatmung. Das verhindert auch hektisches, schnelles Atmen. Wer jahrelang durch den Mund eingeatmet hat, wird unter Umständen bei der Umstellung auf Nasenatmung Schwierigkeiten haben, mit dem Gefühl zu wenig Luft zu bekommen. Aber das ändert sich schnell, einfach weil man die positiven Auswirkungen der Nasenatmung auf Körper, Geist und Psyche spürt. Wenn man keine Besserung spürt, sollte man einen Facharzt aufsuchen, Nasenpolypen oder ähnliches können die Ursache sein.

Zum Thema Atmen gibt es ein sehr interessantes Buch, auf das ich gerne verweisen möchte: „*Der erfahrbare Atem*" von Ilse Middendorf.

Der größte Gewinn des bewussten Atmens in Kombination mit Bewegung ist, dass die Verdauung sich rasch in eine positive Richtung entwickelt, man wird, soweit man nicht eine Erkrankung hat, sehr bald feststellen, dass die Verdauung wie von selbst in Schwung kommt. Daher bin ich auch der Meinung, dass man Bewegung, sofern es möglich ist, in der frischen Luft absolvieren sollte. Die empfohlenen 20–30 Minuten zwei- bis dreimal in der Woche finde ich eigentlich schon ein bisschen wenig, da kann man natürlich nicht hoffen, dass sich sehr viel verändert.

„Atmen ist Leben – richtiges Atmen ist Leben in Fülle und tiefe Verbundenheit mit dem Leben."

Bewegung im Lauf der Jahreszeiten

Oft ist es sehr schwierig, das ganze Jahr hindurch konstant ein gleiches Aktivitätsprogramm durchzuziehen. Vielfach scheitert man daran, dass man trotz guter Vorsätze irgendwann einmal wieder aufhört und sich nicht zum Neubeginn aufraffen kann.
Ein ausgewogenes Bewegungsprogramm führt dazu, dass man mit der Zeit seinen Körper so gut kennenlernt, dass man intuitiv weiß, welche Art von Bewegung einem gerade guttut. Es gibt Tage, da hat der Körper das Bedürfnis sich auszupowern, an anderen Tagen wieder möchte er es langsam angehen.
Wer lieber in der Gruppe aktiv ist, kann sich zu Kursen anmelden oder sich einer Gruppe anschließen – oder selbst eine Gruppe initiieren (siehe auch Kapitel *In der Gruppe wird's leichter*).

Langsam anfangen

Eine wesentliche Voraussetzung, damit man wirklich dauerhaft Freude und Erfolg an der Bewegung hat, ist, mit allem langsam zu beginnen. Alle Bewegungen so ausführen, dass man dabei gut und tief atmen kann. Richtige Atmung trägt dazu bei, dass genug Sauerstoff im Körper ist und verwertet werden kann.

Und wenn man zu erschöpft ist?

Wer sich zu gar nichts mehr aufraffen kann, der sollte wirklich einmal nachdenken, ob er momentan statt Bewegung etwas mehr Ruhe braucht. Denn wer schon völlig erschöpft ist, für den ist es fatal, sich auch noch durch ein Bewegungsprogramm zu quälen. Da ist es notwendig, einen Arzt aufzusuchen und gezielt mit Ruhe und Schonung zu schauen, dass der Körper bekommt, was er braucht, und dann eben langsam mit leichter Bewegung zu beginnen.

Fitnessgeräte

Wenn Sie überlegen, sich ein Fitnessgerät zu kaufen, so sollten Sie hier nicht vorschnell handeln, es gibt so viele unterschiedliche Modelle in allen Qualitäts- und Preiskategorien. Manchmal kann man zu Beginn auch von jemandem im Bekanntenkreis ein Fitnessgerät ausleihen der (leider, leider ...) momentan seine sportlichen Aktivitäten etwas zurückgeschraubt hat oder sich ein neues Gerät gekauft hat. Also umhören und nachfragen, auch welche Geräte im Gebrauch gut zu verwenden sind. Viele Geräte haben Zusatzfunktionen, die oft so kompliziert sind, dass man sie viel zu wenig nutzt. Die Aktivitäten sollten so gestaltet sein, dass sie nicht zusätzlichen Stress auslösen. Da jeder von uns genug Arbeit hat, gilt es auch oft, eigene innere Vorurteile abzubauen. Sich eine halbe Stunde täglich herauszunehmen, in der man nicht gestört werden möchte, um Yoga zu machen oder zu laufen, bedarf einer klaren eigenen Positionierung, dann wird es auch von der Umgebung akzeptiert. Es ist eigentlich schon erstaunlich, dass keiner begründen muss, wenn er zwei Stunden vor dem Fernseher sitzt, andererseits erntet so mancher negative Äußerungen („Hast keine Arbeit??“), wenn er sich mit den Walkstöcken auf den Weg macht.

Vorsicht ansteckend!

Wenn Sie zu Beginn Ihres „bewegten“ Lebens alleine sind, dann werden Sie sehr rasch feststellen, dass auch andere Familienmitglieder sich mit dem Gedanken beschäftigen, sich sportlich zu betätigen. Oft sind es die größten Kritiker, die dann mit neu gekauften Walkstöcken und sportlichen Schuhen dastehen und sich anschließen. Also gelassen sein, wenn nicht jeder zu Beginn der Lebensumstellung von den Aktivitäten begeistert ist.

Der richtige Tageszeitpunkt

Genauso wichtig wie die Art der Bewegung ist auch die Tageszeit, wann man die jeweilige Sportart ausführt. Manche bevorzugen die frühen Morgenstunden, andere wiederum lieben die Bewegung nach dem Mittagessen, während der nächste abends Bewegung so richtig genießt. Eine intensive sportliche Bewegung am Morgen kann sehr positiv sein, um in Schwung zu kommen, andererseits kann es eine innere Unruhe oder Müdigkeit, weil man sich zu sehr angestrengt hat, auslösen. Nicht für jeden ist abends die intensive Bewegung geeignet, Schlaflosigkeit kann die Folge sein.
Man muss es einfach ausprobieren, was einem guttut. Ich mache mit meinem Hund täglich einen zügigen Morgenspaziergang und anschließend einige Yoga- oder Gymnastikübungen, je nachdem, wonach mir gerade ist. Da ich sehr früh schlafen gehe, ist für mich Bewegung am Abend nicht so geeignet, da ich dann innerlich nicht so schnell zur Ruhe komme.

Stressabbau durch Bewegung

Bewegung hat eine enorm positive Auswirkung auf die innere Ausgeglichenheit, viele Dinge relativieren sich nach einer halben Stunde Yoga oder walken. Wenn man einmal das gute Gefühl kennengelernt hat, das sportliche Bewegung in einem auslöst, dann entwickelt sich von selbst der Wunsch, weiterhin etwas zu tun.

Fitnessstudio oder frische Luft?

Sie erkennen es wahrscheinlich schon an der Überschrift, ich bin nicht unbedingt ein Fan davon, ins Fitnessstudio zu gehen und auf Bewegung in der frischen Luft zu verzichten. Die Bewegung in frischer Luft ist eng verbunden mit dem Tanken von Sauerstoff, den der Körper für alle Funktionen, auch für die Verdauung benötigt. Was bei Fitnessstudios auch bedenklich ist, sind die oft sehr langen Verpflichtungen, die man mit einer Anmeldung eingeht. Dreijahresverträge sind keine Seltenheit und um daraus auszusteigen braucht man oftmals ein ärztliches Attest. Manche Fitnessstudios bieten allerdings kostenlose Schnupperstunden an. Das ist gut, um

sich damit vertraut zu machen und festzustellen, ob diese Art der sportlichen Betätigung für einen selbst geeignet ist.
Im Winter, wenn's draußen stürmt und schneit, ist auch das Fitnessstudio eine gute Alternative. Um gewisse Körperregionen zu trainieren ist das Arbeiten an Geräten sicher empfehlenswert, allerdings sollte man sich von einem gut ausgebildeten Trainer beraten lassen.

Welche Art von Bewegung tut mir gut?

Wenn man sich darauf verlässt, was gerade in den Medien angepriesen wird, so wird man einmal zu Yoga tendieren, während einen Monat später Aerobic als der Schlüssel zur gesunden Bewegung angepriesen wird. Finden Sie Ihren eigenen Weg!

Gymnastik

Es ist oft schwer, sich im Dschungel der vielen unterschiedlichen Gymnastikübungen zurechtzufinden. Bei den Gymnastikübungen, die wir aus unserer Schulzeit kennen, kann man nicht viel falsch machen. Mit dem Gymnastikband und dem Gymnastikball kann man sehr effiziente Übungen durchführen. Hat man die Bewegungen falsch ausgeführt, merkt man es am nächsten Tag sofort, da sich ein Muskelkater einstellt. Grundsätzlich gilt einfach, keinen falschen Ehrgeiz zu entwickeln, keine ruckartigen hastigen Bewegungen und keine Überanstrengung. Und: Auf das Atmen achten!

Yoga

Ich habe durch Yoga nach einer sehr schweren Erkrankung mein inneres Gleichgewicht wieder gefunden. Das war allerdings zu Beginn der Übungen ein sehr schwieriges Unterfangen, weil ich innerlich permanent unter Stress stand. Aber es hat sich gelohnt, dranzubleiben und die Übungen regelmäßig zu wiederholen.
Yoga, das in unseren Breiten im Normalfall praktiziert wird, hat ja sehr wenig mit den wirklichen Übungen der Yogis zu tun. Es ist eher eine sanfte Form, die von jedem leicht nachzumachen ist. Yoga kann man auch gut aus Büchern lernen, weil sich die ruhigen Bewegungen gut beschreiben lassen.

5 Tibeter
Die fünf Tibeter sind 5 rituelle Übungen, die täglich wiederholt werden. Zum Teil sehr leicht auszuführen, wenn man allerdings etwas mehr Gewicht oder mit der Wirbelsäule Probleme hat, sind einige Übungen nicht unbedingt zu empfehlen. Man sollte da auch keinen Ehrgeiz entwickeln und gleich alle Wiederholungen durchführen, sondern sich über mehrere Wochen mit der Anzahl der Übungen steigern. Die Geschichten, die sich um die „5 Tibeter" ranken, sind etwas zu hinterfragen, das Durchführen der Übungen kann aber für Menschen, die gerne täglich die gleichen Übungen wiederholen, durchaus in Ordnung sein.

Bewegung im Laufe der Jahreszeit

Viele von uns sind so konditioniert, dass sie in regelmäßigen Abständen Abwechslung brauchen. Bei der Bewegung im Laufe der Jahreszeit ergibt es sich automatisch, dass man zu den unterschiedlichen Jahreszeiten auch verschiedene Sportarten ausüben kann.

Frühling
laufen, walken, gehen, Federball, bergwandern, reiten
für drinnen: Yoga, Streckübungen, Crosstrainer

Sommer
schwimmen, Federball, Tennis, laufen, walken, gehen, Minigolf, Golf, reiten, bergwandern, rollerskaten, Bocchia
für drinnen: Yoga, Gymnastik, vor allen Dingen Beinübungen (im Sommer sind oft die Beine wegen der Hitze geschwollen)

Herbst
walken, schwimmen (mit einer oft sehr kostengünstigen Monatskarte) in einem benachbarten Hallenbad, reiten
für drinnen: Gymnastik, Yoga, Krafttraining mit Hanteln oder Stretchband, Crosstrainer, Gymnastikball

Winter
Spaziergänge, langlaufen, Schi fahren, Schlittschuh laufen, Schneeschuh wandern, Touren gehen, rodeln, snowboarden
für drinnen: Yoga, Wirbelsäulengymnastik (durch das viele Sitzen im Winter wird die Wirbelsäule stärker einseitig belastet), Crosstrainer, Gymnastikball; Fitnessstudio, reiten in der Halle

Entspannung und Muße

Genauso wichtig wie Arbeit, Leistung und Bewegung ist zum Ausgleich Entspannung und Muße. Viele haben damit ein Problem. Menschen, die auf Dauer leistungsfähig sind, haben auch eine sehr hohe Fähigkeit sich zu entspannen und das Leben zu genießen. Entspannung und Ruhe kann sogar beim Abnehmen helfen. Denn wer ständig in der Gegend herumhetzt, nie zur Ruhe kommt, mit nichts fertig wird, dessen Körper funktioniert genauso. Es wird schlecht verdaut und gespeichert. Und paradoxerweise nimmt man zu, obwohl man mehr als genug Bewegung hat.

Ruhe ist nicht gleich innere Ruhe

Man kann auf der Couch liegen und trotzdem nicht zur Ruhe kommen. Sie besuchen ein entspannendes Konzert und haben ständig das Gefühl raus zu müssen, weil Sie noch so viel zu tun haben? Oder Sie werden nachts munter und können nicht mehr einschlafen? Dann sollten Sie schrittweise wieder lernen, zur Ruhe zu kommen. Das geht am besten, indem man sich in einem Raum, in dem man nicht gestört wird, hinsetzt und einfach nichts tut. Je gestresster Sie sind, desto schwieriger wird es, innerlich ruhig zu werden. Wenn Sie es gar nicht schaffen, dann ist Alarmstufe rot!

Wie finde ich Ruhe und Entspannung?

Massagen leisten einen wertvollen Beitrag zur körperlichen und mentalen Entspannung. Gute Masseure können einem auch sagen, wo man sehr verspannt ist und was man auch zu Hause tun kann, um diese Verspannungen zu lösen.
Also, suchen Sie sich eine geeignete Entspannungsmassage, nach Möglichkeit in Kombination mit Aromaölen. Ein Wellnesstag kostet zwar etwas, aber es lohnt sich auf jeden Fall, in diese Welt der Ruhe, Entspannung und Fürsorge einzutauchen. Wellnessbereiche von guten Hotels können oft auch von Tagesgästen genutzt werden. Entspannungsmassagen und Wellnesstage tun Körper und Seele gut.

Vertrauen in den anderen

Entspannung hat auch damit zu tun, den Menschen in meiner Umgebung zu vertrauen, ihnen zuzutrauen, dass sie z.B. eine Arbeit gut übernehmen, die ich abgeben möchte. Das ist oft schwierig, weil gerade Frauen dazu neigen, permanent für alle und alles da sein zu wollen. Aber das geht auf Dauer nicht gut und man ist da sehr leicht in Gefahr in die Opferrolle zu rutschen, nach dem Motto „Ich tue alles für euch und was bekomme ich zurück?" Lesen Sie diesen Satz deutlich einige Male durch: „Ich tue alles für euch". Jemand, der alles für andere tut, der gibt dem anderen wenig Raum, für ihn etwas zu tun. Und das macht unzufrieden, anfällig für Belohnung in Form von Süßigkeiten. Und letzten Endes sehr oft dick und frustriert.
Geben Sie den Menschen, mit denen Sie arbeiten und leben, Raum und lassen Sie sich auch einmal helfen. Sie werden sehen, das tut Ihnen und auch den anderen gut. Sie sind dann vielleicht nicht mehr die „Gute", werden vielleicht auch angreifbarer (denn wer greift schon jemanden an, der immer nur gut ist), aber Sie werden sehen, dass sich der Abschied von der Dauerbelastung auch auf Ihre Figur sehr positiv auswirkt.

„Entspannung bedeutet Vertrauen und loslassen."

Wasser

Wozu dem Wasser einen eigenen Teil in diesem Buch widmen, werden Sie sich vielleicht fragen? Das wissen wir doch alle, wie wichtig Trinken für unsere Gesundheit und fürs Abnehmen ist.
Aber wissen wir es wirklich? Haben wir es wirklich verstanden, worum es beim Wassertrinken geht? Der lapidare Hinweis, täglich 1,5–3 Liter Wasser zu trinken, wird uns nicht gerade zu leidenschaftlichen Wassertrinkern machen.
Lisi, eine meiner ehemaligen Arbeitskolleginnen, sieht ihre Aufgabe darin, Menschen zu überzeugen, Wasser zu trinken. Eine halbe Stunde mit ihr und jeder ist überzeugt davon, dass Wasser für den Menschen ein wichtiger Baustein zu Wohlbefinden und Zufriedenheit ist. Ich glaube, dass es wenige Menschen gibt, die, nachdem sie Lisi getroffen haben, noch mit gutem Gewissen zu ungesunden, gesüßten und aromatisierten Säften greifen! Mich hat sie jedenfalls nachhaltig überzeugt und ich denke sehr oft mit großer Dankbarkeit an sie.
Wir hatten, als wir noch unsere alte Wasserquelle hatten, einen Sommer lang so gut wie kein Wasser und mussten anfangen, von Trinkwasser über Körperpflege bis zum Wäschewaschen alles neu zu organisieren. Mir wurde damals bewusst, welch selbstverständlichen, mitunter auch leichtfertigen Umgang wir mit Wasser haben und auch wie oft man untertags am Wasserhahn dreht (besonders, wenn man fünf kleine Kinder hat!).
Eine meiner lehrreichsten Lektionen habe ich aber von den Tieren erhalten. Wenn Kühe im Sommer 2 Tage kein Wasser haben, dann drehen sie im wahrsten Sinne des Wortes durch. Sie werden

aggressiv und extrem unruhig und brechen durch Zäune. Nun können Sie, berechtigterweise, sagen, man kann Tiere nicht mit Menschen vergleichen. Aber es lohnt sich auf jeden Fall, sich selbst zu beobachten, wenn man zu wenig getrunken hat. Und die Symptome sind ähnlich wie bei den Kühen und allen anderen Lebewesen, wir werden von Unruhe, oft auch von Angst und Panik gepackt und haben das Gefühl, dass uns „etwas abgeht". Wir suchen nach den Ursachen, die man natürlich sehr leicht findet, denn es gibt genügend Dinge, die für unsere Gereiztheit verantwortlich sein können, unfreundliche VerkäuferInnen, ein Stau auf der Autobahn, Föhn, eine unabsichtlich gelöschte Seite am Computer oder Bügelwäsche, die schon drei Tage staubtrocken und zerknittert im Wäschekorb liegt.

Darauf, dass womöglich einfach Wassermangel die Ursache unserer inneren Unruhe sein könnte, darauf kommen wir nicht einmal ansatzweise. Und trotzdem, in vielen Situationen kann Wasser ein erster Schritt zur Beruhigung sein. Auch das viel beschriebene Glückshormon Serotonin braucht zum Aufbau Wasser!

Wasser hat aber auch eine sehr anregende Wirkung. Sich untertags zwischendurch die Arme kalt zu waschen oder das Gesicht mit kaltem Wasser zu bespritzen lässt die Lebensgeister erwachen. Bei Einschlafschwierigkeiten wirkt eine kalte Fußdusche Wunder, wenn man die Füße anschließend kräftig trockenrubbelt und in warme Socken schlüpft.

Welches Wasser ist gut für mich?

Ich trinke sehr gerne überall wo ich hinkomme Wasser, auch wenn ich wo eine Quelle sehe, trinke ich daraus. Wasser hat in jeder Gegend einen anderen Geschmack und natürlich auch andere Inhaltsstoffe. Wer eine eigene Quelle hat, muss das Wasser in regelmäßigen Abständen überprüfen lassen und weiß also über die Inhaltsstoffe Bescheid. Alle anderen können beim zuständigen Energieversorger (auch über Internet) erfragen, welche Inhaltsstoffe das Wasser hat, das aus der Leitung kommt.

Interessant wird es bei den unterschiedlichen Sorten an Mineral- und Heilwässern. Mineralwasser ist aufgrund seines Vorkommens in unterschiedlichen Gesteinsarten mit den jeweiligen Wirkstoffen

angereichert. Viele Mineralwässer haben den Hinweis „enteisent", was bedeutet, dass Eisen aus dem Wasser entzogen wurde, weil Eisen dem Wasser mit der Zeit eine bräunliche Farbe gibt, was natürlich nicht sehr appetitlich aussieht.
Heilwasser braucht eine Genehmigung im Sinne des Arzneimittelgesetzes und hat eine heilende Wirkung. Bei körperlichen Störungen kann es sehr positive Auswirkungen auf die Gesundheit haben.
Tafelwasser ist normales Leitungswasser, dem verschiedene Wirkstoffe zugesetzt werden, die Inhaltsstoffe also nicht schon direkt im Wasser vorkommen.
Bei normalem Trinkwasser können auch, sofern notwendig, vom Energieversorger unterschiedliche Zusatzstoffe zugesetzt werden, die sich allerdings in streng kontrollierten Mengen bewegen.
Kritisch zu hinterfragen sind manche Wassersorten, die eine esoterische Wirkung auf den Körper anpreisen, vielfach sind hier keine haltbaren Studien vorhanden, andererseits ist es oft so, dass gerade solche Wassersorten, wenn man daran glaubt, eine positive Wirkung auf das Wohlbefinden haben. Der Glaube versetzt ja oft bekanntlich Berge. Und wenn etwas wissenschaftlich nicht nachgewiesen ist, so kann es trotzdem eine Wirkung haben.

Mit Kohlensäure versetztes oder stilles Wasser?

Für den Hausgebrauch gibt's für Liebhaber von kohlensäurehaltigen Getränken Soda-Geräte, die einfach in der Handhabung sind. Allerdings muss man diese Geräte auch auf der Rückseite und vor allem da, wo die Flasche aufgesetzt ist, peinlichst genau reinigen, denn hier sind Brutstätten für Bakterien und Pilze. Wer gerne kohlensäurehaltiges Wasser trinkt, ist aber trotzdem gut mit einem Soda-Gerät bedient, weil die vielen Plastikflaschen beim Kauf kohlensäurehaltiger Getränke wegfallen. Befürworter von kohlensäurehaltigen Getränken berufen sich darauf, dass Kohlensäure sogar verdauungsfördernd und anregend sein soll und das Bakteriumwachstum im Wasser gehemmt wird. Kritiker der Kohlensäure verweisen darauf, dass mit Kohlensäure versetztes Wasser bereits so gesättigt ist, dass es keine Schadstoffe aus dem Körper mehr aufnehmen kann, Kohlensäure ein Gefühl von Aufgeblähtsein und Schwere entstehen lässt.

Wieviel Wasser soll man trinken?

Die Empfehlungen reichen von 1,5 bis 3 Liter Wasser pro Tag. Wo der eigene Bedarf liegt, lässt sich feststellen, indem man folgende Aspekte bei der Berechnung mit einbezieht:

- Körpergewicht (je höher das Gewicht, desto höher natürlich die benötigte Flüssigkeitsmenge)
- ob man zum Schwitzen neigt
- trockene Räume
- kühle oder heiße Tage
- schweißtreibende Arbeit
- sportliche Aktivitäten
- ob man trockenere Speisen oder wasserhaltige zu sich nimmt
- Tagesverfassung

Anfangs wird man sich eher schwer tun, den eigenen Bedarf abzuschätzen, mit der Zeit bekommt man ein sehr gutes Gefühl dafür, welche Menge zum jeweiligen Zeitpunkt richtig ist. Hilfreich ist, sich einen Wasserkrug zu füllen und diesen immer wieder mit frischem Wasser nachzufüllen oder ein Wasserglas griffbereit am Wachbecken stehen zu haben und immer wieder ein paar Schlucke zu sich zu nehmen. Wenn man sich das regelmäßige Wassertrinken zur Gewohnheit macht, hat man auch ein sehr „sauberes“ Gefühl im Körper.

Kaltes oder warmes Wasser trinken?

Nicht nur die Wasserqualität spielt eine Rolle für unsere Gesundheit, auch die Wassertemperatur hat einen Einfluss auf unser Wohlbefinden. An Tagen, wo einem sowieso schon sehr kalt ist, kühlt natürlich Wasser noch zusätzlich. Normalerweise kann der Körper das sehr gut ausgleichen, wenn er aber etwas aus dem Gleichgewicht ist, braucht er dazu zusätzliche Energie. An kälteren Tagen sollte man daher bevorzugt zu milden Tees greifen oder abgekochtes, warmes Wasser trinken. Der Körper zeigt einem mit der Zeit, welche Art von Flüssigkeit bei welcher Temperatur er braucht.

Wasser – Wundermittel gegen Essattacken

Ingrid, meine liebe Jugendfreundin, hat das, was wir uns alle wünschen: eine Traumfigur und das schon seit 30 Jahren oder noch länger. Ich habe sie einmal gefragt, wie sie es macht, ihre Figur so in Schwung zu halten: Wenn sie zwischendurch einen Gusto, aber keinen Hunger hat, dann trinkt sie Wasser!
Wer regelmäßig reines Wasser trinkt, der wird mit der Zeit vor gefürchteten Hungerattacken geschützt sein, da die Nährstoffversorgung des Körpers ins Lot kommt. Man sollte es sich zur Gewohnheit machen eine 1/2-l-Wasserflasche mitzuhaben, wenn man unterwegs ist, die man bei Bedarf wieder auffüllen kann. Wasser ist ein Lebenselixier, es ist notwendig für die gesunde Funktion unseres Körpers und unserer Psyche. Wasser ist keine Selbstverständlichkeit, Wasser ist ein Geschenk, das wir dankbar annehmen sollten.

Sind Sie nun überzeugt?
Ja? Dann genießen Sie gleich ein Glas frisches, klares Wasser – herrlich!

Teezeit

In unserer Stadt ist ein ausgezeichnetes Teegeschäft, wo man frisch getrocknete Teesorten in Hülle und Fülle findet. Da macht es richtig Spaß, sich Zeit zu nehmen und Tees auszusuchen, die auf das eigene Wohlbefinden eine positive Wirkung haben. In guten Teegeschäften legt man auch Wert auf kompetente Beratung.
In den wärmeren Jahreszeiten kann man natürlich auch Kräuter, Blätter und Blüten selbst sammeln. Gerade im Frühling haben Teekuren aus Brennnessel- und Löwenzahnblättern eine enorm positive Auswirkung auf die Gesundheit. Wenn Sie Ihrem Körper etwas Gutes tun wollen und frisch ins Frühjahr starten möchten, dann empfehle ich Ihnen eine 14-täge bis 4-wöchige Kur, Sie spüren, soweit Sie grundsätzlich eine gute Beziehung zu Ihrem Körper haben und gesund sind, wie lange Ihre Kur dauern darf.
Eistees im Sommer kann man sich sehr einfach selbst zubereiten und man hat den Vorteil, dass diese ungezuckert sind und natürliches Aroma enthalten. Wenn die Tees in geschmackvollen Krügen serviert werden, hat man bald alle Familienmitgliedern zu Teeliebhabern gemacht.
Im Winter hat eine Teekanne mit Siebeinsatz und Warmhaltestövchen etwas Heimeliges und Entspannendes.
Da die Tagesverfassung oft auch mit den Jahreszeiten zusammenhängt, z.B. die extrem lästige Frühjahrsmüdigkeit, kann man hier gezielt mit den passenden Teesorten eingreifen.
Manchmal hat man auch Tage, an denen man von einer inneren Unruhe geplagt wird, da eignen sich beruhigende Teesorten wie Kamille oder Melisse sehr gut, um wieder zur Ruhe zu kommen.

Ich habe sehr gerne unterschiedliche Teesorten im Haus, und dann kann jeder die Sorte wählen, die gerade für ihn gut ist. Der tägliche Teegenuss wird zu einem entspannenden Ritual.
Natürlich getrocknete Teesorten oder frisch aufgebrühte Blätter und Blüten können vom Körper gut aufgenommen werden. Bei echten Tees signalisiert der Körper auch, wenn er genug hat. Man „mag" diese Sorte dann einfach nicht mehr und greift automatisch zu einer anderen.
Ich habe selbst über lange Zeit Tees nur nach dem Aroma gekauft, sodass meine Geschmacksnerven erst wieder sensibilisiert werden mussten, um den herrlichen Geschmack natürlicher Tees genießen zu können.

Tees und ihre Wirkung

„Für alles ist ein Kraut gewachsen", sagt ein Sprichwort. Die Wirkung von Heil- und Kräutertees ist unbestritten. Ich bin immer wieder fasziniert davon, wie sehr der „richtige" Tee unser Wohlbefinden beeinflusst. Machen Sie sich aber bewusst, dass Tee nicht einfach nur ein Getränk ist, sondern tatsächlich eine Wirkung, in den meisten Fällen medizinisch nachgewiesen, hat. Das heißt natürlich auch, dass man, wenn man körperliche Krankheiten (wie z.B. Nierenschwäche) hat, sich genauer informieren muss, denn es gibt sehr viele Tipps, welche Tees auch bei Krankheiten eine positive Wirkung haben. Die in diesem Buch angeführten Empfehlungen gelten für gesunde Menschen.
Gerne verweise ich hier auch auf „*Gertrude Messners Kräuterhandbuch*", das im Löwenzahn Verlag erschienen ist.

„Tees sind ein wahrer Gesundbrunnen."

Tees für jeden Tag

Im Rezeptteil sind bei jeder Jahreszeit die passenden Tees angeführt. Bei den jahreszeitlichen Tees sollte man immer wieder die Sorten wechseln, unten liste ich diese Teesorten mit Inhaltsstoffen und Wirkungen auf.
Tees für jeden Tag sind unter „neutraler Tee" angeführt. Diese Sorten kann man sich in einer Literkanne zubereiten und während des Tages verteilt trinken.

Birkenblätter

Inhaltsstoffe: Flavonoide, Gerbstoffe und ätherische Öle
Wirkung: blutreinigend uns entwässernd

Mein Tipp aus der Praxis: Da Birkenblättertee sehr stark entwässernd wirkt, ist er kein Tee für alle Tage und sollte nur gezielt an einzelnen Tagen getrunken werden. Er kann bei einer beginnenden Blasenentzündung eine positive Wirkung haben.

Brennnessel

Inhaltsstoffe: Histamin, Serotonin und Vitamin C
Wirkung: entschlackend und blutreinigend
Brennnesseltee hat auf den Körper eine äußerst positive Wirkung, besonders bei Menschen, die von Frühjahrsmüdigkeit geplagt werden.

Mein Tipp aus der Praxis: Ein Sud aus Brennnessel eignet sich auch gut als Haarkur, einfach 2 Handvoll Brennnessel mit 1 Liter Wasser (oder für öfteres Spülen die Menge einfach erhöhen) erhitzen und 10 Minuten ziehen lassen, die Haare damit ausspülen und 5 Minuten einwirken lassen.

Erdbeerblätter

Inhaltsstoffe: Gerbstoffe, Vitamin C und Flavonoide
Wirkung: gegen Magen- und Darmstörungen

Mein Tipp aus der Praxis: Verwenden Sie Blätter von Walderdbeeren.

Fenchel

Inhaltsstoffe: ätherische Öle, Mineralstoffe
Wirkung: Fencheltee hat eine ausgesprochen beruhigende Wirkung auf den Magen- und Darmtrakt

Mein Tipp aus der Praxis: Fenchel lässt sich sehr einfach im Garten ziehen und hat zu dem gesundheitlichen Aspekt auch noch eine sehr dekorative Wirkung im Garten.

Gänseblümchen

Inhaltsstoffe: Bitterstoffe, Gerbstoffe, Flavonoide, ätherische Öle
Wirkung: harntreibend, appetitanregend, stoffwechselanregend

Mein Tipp aus der Praxis: Gänseblümchen pflückt man am besten bei Sonnenschein, sie sind sehr wetterempfindlich und schließen sofort ihre Köpfchen, wenn die Sonne weg ist.

Hagebutte

Inhaltsstoffe: Flavone, Vitamin C und B-Vitamine
Wirkung: gegen Müdigkeit, Infektionen, Stärkung des Immunsystems (besonders wichtig in der kühleren Jahreszeit)

Ingwer

Inhaltsstoffe: ätherische Öle und Mineralstoffe (wie Magnesium und Eisen)
Wirkung: schleimlösend, appetitanregend, entzündungshemmend

Mein Tipp aus der Praxis: Ich schneide mir einige kleine frische Ingwerstücke bei Früchtetees dazu.

Kamille

Inhaltsstoffe: ätherische Öle
Wirkung: entzündungshemmend und krampflösend

Mein Tipp aus der Praxis: Kamille ist der Tee schlechthin für kleine Kinder, aber auch, wenn man mit beginnenden Erkrankungen zu tun hat, kann Kamillentee eine positive Wirkung zeigen. Kamillentee sollte man immer im Haus haben, er vermittelt eine fürsorgliche und beruhigende Stimmung.

Löwenzahn

Inhaltsstoffe: Bitterstoffe, Flavonoide und Kalium
Wirkung: durch den nennenswerten Inhaltsstoff Kalium hat Löwenzahntee eine leicht abführende Wirkung und hilft auch gegen Völlegefühl

Mein Tipp aus der Praxis: Löwenzahn- und Brennnesseltee kann im Frühling auch kurmäßig zur Entschlackung getrunken werden

Malve

Inhaltsstoffe: ätherische Öle und Gerbstoffe
Wirkung: entzündungshemmend, soll gegen Gefäßverkalkung wirken

Melisse

Inhaltsstoffe: Gerbstoffe, Bitterstoffe, Flavonoide
Wirkung: eine sehr beruhigende Wirkung auf die Nerven, aber auch ein nervöser Darm kann durch Melisse beruhigt werden

Mein Tipp aus der Praxis: Melisse eignet sich auch gut als Abendtee zum Einschlafen.

Pfefferminze und Minze

Inhaltsstoffe: Menthol, Gerbstoffe und Bitterstoffe
Wirkung: erfrischend und krampflösend

Salbei

Inhaltsstoffe: ätherische Öle, Gerb- und Bitterstoffe
Wirkung: entzündungshemmend, besonders empfehlenswert zum Gurgeln, soll auch schweißhemmende Wirkung zeigen

Mein Tipp aus der Praxis: Bei Zahnfleischbluten kann es helfen, Salbeiblätter zu kauen.

Schafgarbe

Inhaltsstoffe: ätherische Öle, Gerbstoffe
Wirkung: hilft bei Hämmorrhoiden, Blasenschwäche, reguliert die Periode, kann einen positiven Einfluss auf Beschwerden wie Angina pectoris haben

Mein Tipp aus der Praxis: Wer zu Zahnfleischentzündungen neigt, sollte Schafgarbentee zum Gurgeln nehmen.

Veilchen

Inhaltsstoffe: Bitterstoffe, ätherische Öle, Schleimstoffe
Wirkung: auswurffördernd, erleichtert das Abhusten
Gerade im Frühling sind viele von uns oft verschleimt und da tut Veilchentee besonders gut.

Mein Tipp aus der Praxis: Frische Veilchenblüten sind gut zur Beruhigung der Nerven, man kann sie auch sehr gut in den Salat mischen.

Wermut

Inhaltsstoffe: Bitterstoffe, ätherische Öle, Absinth
Wirkung: appetit- und verdauungsanregend, regt die Arbeit der Leber an
Wermut hat einen sehr hohen Anteil an Bitterstoffen.

Zitronenmelisse

Inhaltsstoffe: Bitterstoffe, Schleimstoffe, Gerbstoffe und ätherische Öle, Vitamin C
Wirkung: Melisse hat eine ausgesprochen beruhigende Wirkung und hilft auch, Angst- und Spannungszustände zu lösen

Mein Tipp aus der Praxis: Zitronenmelisse lässt sich auch sehr gut im Topf auf der Fensterbank ziehen. Man hat dann immer einige frische Zitronenmelisseblätter für die Dekoration oder als Zusatz zu Wasser in einem Krug (sieht übrigens sehr dekorativ aus).

Eiweiß oder Kohlehydrate?

Sie können es drehen und wenden wie Sie wollen, zu jeder Studie über den richtigen Anteil an Eiweiß und Kohlehydraten in der Ernährung gibt es auch eine Gegenstudie. Was soll man also tun? Meine persönliche Erfahrung ist, dass eine eher eiweißhaltige Ernährung auf meinen Körper die Auswirkung hat, dass ich mit fitter und stärker fühle, während mich eine kohlehydratreiche Ernährung eher müde macht. Ich bevorzuge daher mittags eher eiweißreiche Mahlzeiten (indem ich z.B. Fleisch nur mit Gemüse und Salat esse), während ich am Abend kohlehydratreicher esse (z.B. Grießbrei mit Vanille und Zimt). Genau das Gegenteil ist bei einer meiner Bekannten der Fall, sie fühlt sich fitter, wenn sie kohlehydratreiche Ernährung zu sich nimmt.
Vielleicht stimmt ja auch die Theorie von den Jägern und Sammlern, das würde eine Erklärung sein, warum es die „sesshaften" Kohlehydratesser und die „jagenden" Fleisch(Eiweiß)Esser gibt. Ist halt alles schon ein bisschen lange aus und schwierig nachzuvollziehen, woher jeder einzelne von uns abstammt.
Der einzige Weg festzustellen, ob Sie Kohlehydrate oder Eiweiß besser vertragen und welche Auswirkungen sie auf Ihren Körper und Ihre Verfassung haben, ist, es auszuprobieren. Und spüren Sie nach.

Verwendung von Fett

Will man Gewicht verlieren, so kommt man um einen bewussten Umgang mit Fett nicht herum. Zu unterscheiden ist zwischen Fetten, die man kalt verwendet (z.B. Butter, Margarine, kaltgepresste Öle) oder Fetten, die man erhitzt (Butterschmalz, raffinierte Öle). Fett enthält pro Gramm 9 kcal, im Vergleich dazu enthalten Eiweiß und Kohlehydrate nur 4 kcal pro Gramm.

Die positiven Aufgaben des Fettes in unserem Körper:

- Fett dient als Schutzschicht unter der Haut für den Wärmehaushalt
- die Organe werden von Fett umgeben, insbesondere auch, um einen Schutz vor Verletzungen zu bieten
- Fett dient als Energiespeicher
- man benötigt Fett für die Aufnahme fettlöslicher Stoffe (z.B. Vitamine)
- Fett ist zudem auch noch ein Geschmacksträger, daher schmecken Speisen mit einem höheren Fettanteil oft (leider ...) besser

Fett ist also grundsätzlich nicht „schlecht“ ,sondern hat sehr viele positive und lebensnotwendige Einflüsse auf unseren Körper. Das sollte man sich unbedingt vor Augen führen, denn sonst gerät man leicht in Gefahr, Fett für Gewichtsprobleme allein verantwortlich zu machen. Das große Angebot an vielen künstlich hergestellten low-fat Produkten, die scheinbar schlank machen, fördert diese Meinung.

Gute Fette – schlechte Fette

Das erste, wovon man sich verabschieden sollte, ist sich durch Werbung beeinflussen zu lassen. Viele hochwertige Produkte werden so gut wie gar nicht beworben, während für qualitativ minderwertige Produkte mit verkaufsfördernden Slogans viel Reklame gemacht wird. Grundsätzlich gilt: je natürlicher ein Produkt ist, desto gesünder ist es auch.

Butter – Margarine

Ein alter Streit, der nie beendet werden wird. Inzwischen gibt es so viele unterschiedliche Sorten an Butter und Margarine, dass man als Konsument oft verwirrt ist. Butter in Maßen genossen ist sicher nicht gesundheitsschädlich, sondern im Gegenteil ein naturnah hergestelltes Produkt.

Manche Margarinesorten enthalten Transfette, die laut Studien gesundheitsschädigend sein können, manche Hersteller umschreiben bei der Zutatenliste die mittlerweile bekannten Transfette mit dem Begriff „hydrogeneriert". Steht in der Zutatenliste „gehärtetes Fett" oder „pflanzliches Fett, zum Teil gehärtet", kann man davon ausgehen, dass Transfette enthalten sind. Natürlich wirbt die Industrie für diese Produkte mit „gesunden" Slogans. Besondere Vorsicht ist geboten bei Margarine-Sorten, die laut Werbung eine „Wirkung" auf den Körper haben, das kann unter Umständen gerade für den eigenen Körper nicht sehr bekömmlich sein.

Der einzige Nachteil, den Butter hat, ist die mangelnde Streichfähigkeit, wenn man Butter aus dem Kühlschrank nimmt. Andererseits passt sich Butter sehr schnell der Raumtemperatur an und schon nach einigen Minuten ist Butter gut streichfähig.

Ich bekomme meine Butter im Sommer immer von Margit, die eine sehr schöne Alm in meiner näheren Umgebung bewirtschaftet, und freue mich schon jedes Jahr darauf. Diese Butter ist ein reines Naturprodukt und so schmeckt sie auch. Mir ist jedenfalls ein gutes Stück Butter lieber als Margarine.

Öle

- kaltgepresste Öle: werden ohne Erhitzen in den Ölmühlen gepresst und haben einen sehr starken Eigengeschmack und einen hohen Anteil an ungesättigten Fettsäuren
- raffinierte Öle: hier wird durch Erhitzen eine höhere Ausbeute an Öl gewonnen, durch die Bearbeitung verliert das Öl aber seinen Eigengeschmack und es wird auch, was die Farbe und den Geschmack betrifft, noch weiterbehandelt. Der Anteil an ungesättigten Fettsäuren bleibt weitestgehend gleich dem kaltgepressten Öl.

Das Verhältnis Omega-6- zu Omega-3-Fettsäuren

Sie haben sicher auch schon irgendwann einmal gehört, wie wichtig und gesund Omega-3-Fettsäuren für den Körper sind. Allerdings ist das nur die halbe Wahrheit, denn wesentlich ist das Verhältnis von Omega 6 zu Omega 3.
Was Folgendes bedeutet: Omega-6-Fettsäuren sind entzündungsfördernd und sind in unserer heutigen Ernährungsweise in viel zu großer Menge vorhanden. Omega 3 ist entzündungshemmend. Ein ausgewogenes Verhältnis zueinander bedeutet, dass z.B. Arteriosklerose vorgebeugt wird, eine positive Wirkung auf rheumatische Erkrankungen nachgewiesen ist, ebenso kann man mit Ölen, die das richtige Omega-6 zu Omega-3-Verhältnis haben, Depressionen mindern.

Ein besonders gutes Verhältnis von Omega 6 zu Omega 3 haben folgende Öle:

- Rapsöl
- Weizenkeimöl
- Sojaöl
- Walnussöl
- Olivenöl, kaltgepresst
- Hanföl

Welches Produkt tut mir gut?

Da man einen nicht unwesentlichen Teil des Energiebedarfs durch Fette abdeckt, sollte man bei der Auswahl sehr genau sein und kei-

nesfalls an der Qualität sparen. Abwechslung kann hier förderlich sein. So kann man für Salate herrliches kaltgepresstes Olivenöl verwenden, Butter für Röstgemüse oder Mohnöl für Rohkost.
Ich verwende viele verschiedene Öle und habe vollkommen auf hochwertige, teure Öle umgestellt. Meine Freundin Maria fährt einmal jährlich zur Olivenernte nach Italien und bringt dann frisch gepresstes Olivenöl mit, was natürlich kostengünstiger ist, von der herrlichen Qualität ganz zu schweigen.
Den Geschmack der einzelnen Lebensmittel kann man im puren Zustand besser ermitteln als in einer fertigen Speise, machen Sie also auch bei Ölen einmal eine Geschmacksprobe: Lassen Sie einen Teelöffel Öl im Mund langsam zergehen. Und Sie werden feststellen: Hochwertige Öle schmecken einfach anders als Billigprodukte.

Fleisch & Co

Eines vorweg, ich persönlich bin ein absoluter Fan von hochwertigem, biologischem Rindfleisch. Nicht nur weil wir selbst züchten, sondern auch, weil es sich in der langen Geschichte unserer Ernährungslehre immer wieder bestätigt hat, dass Rindfleisch eine der kräftigendsten und gesündesten Fleischsorten ist. Ich spreche hier allerdings von heimischem Fleisch, zu oft wird im Großhandel (und in der Folge dann in Gasthäusern und in Kantinen) importiertes Fleisch angeboten, das völlig anderen Qualitätskriterien unterliegt als unser heimisches Rindfleisch.

Speziell mageres Rindfleisch in der Kombination mit allen Arten von Wurzelgemüsen oder Kraut und Kohl eignet sich in der kälteren Jahreszeit hervorragend zum Abnehmen. Vor allen Dingen bleibt man dabei bei Kräften. Eine kräftige Rindssuppe mit frisch geschnittenen Karotten, Sellerie und Ingwer bringt das innere Feuer zum Brennen und sorgt für einen gut funktionierenden Stoffwechsel.

Wenn Sie auch dem allgemeinen Trend erlegen sind und davon ausgehen, dass Pute und Huhn (weißes Fleisch) am Gesündesten sind, dann liegen Sie damit zwar nicht falsch, aber nur unter der Voraussetzung, dass Sie auf heimische Bioprodukte setzen. Ansonsten können die Fütterungs- und Haltungsmethoden bedauerlicherweise so sein, dass auch die Fleischqualität darunter leiden kann.

Schweinefleisch wurde sehr von Putenfleisch verdrängt, kaum dass Schnitzel noch mit Schweinefleisch zubereitet werden. Schweinefleisch in Form eines knusprigen Schweinebratens oder würzigen Ripperl genossen schmeckt zur Abwechslung sicherlich auch sehr gut, über den Gesundheitswert von Schweinefleisch lässt sich allerdings in beide Richtungen diskutieren.

Wild ist durchaus eine Geschmacksache und kein Fleisch für alle Tage. Empfehlenswert ist Wild während der Wildwochen zu genießen und auch hier heimische Produkte zu bevorzugen. Wild ist ein sehr gesundes und hochwertiges Fleisch, hat aber auch seinen Preis.

Für jede Fleischsorte gibt es unterschiedliche Studien über positive und negative Aspekte. Zu viel Fleisch ist auf jeden Fall ungesund. Das so weit verbreitete faschierte Fleisch ist fast immer von enorm minderwertiger Qualität (hier werden die Abschnitte der Verarbeitung zusammengemischt und faschiert) und wird leider sehr oft für die Zubereitung von Speisen in der Kinderküche, wie Fleischlaibchen oder Spaghettisaucen, verwendet. Faschiertes sollte man sich frisch beim Metzger zubereiten lassen und auf möglichst mageres Fleisch zurückgreifen.
Grundsätzlich gilt für den Kauf und die Verwendung von Fleisch: Frische, heimische Produkte verwenden, am besten beim heimischen Metzger kaufen, aber mittlerweile bieten auch alle Lebensmittelmärkte und Diskonter hochwertiges biologisches Fleisch an. Besser ist, an der Menge als an der Qualität zu sparen.
Das was für Fleisch gilt, gilt selbstverständlich auch für Wurst und Schinkenprodukte. Vorsicht bei light-Produkten, die einen hohen Anteil an künstlichen Inhaltsstoffen haben können. Ich selbst ziehe ein qualitativ hochwertiges Stück Fleisch Wurstprodukten, die meist sehr fett sind, vor.
Fleisch ist ein sehr sensibles Thema in der Ernährung, weil man sich immer auch mit dem Gedanken an artgerechte Tierhaltung auseinandersetzen muss. Dasselbe gilt natürlich auch für Eier. Ich könnte niemals Eier kaufen, die nicht biologisch und aus Freilandhaltung sind, einfach deshalb, weil ich durch den Kauf eine Mitverantwortung für die Haltung der Tiere trage.
Eine besonders herrliche Kombination ist Fleisch mit Gemüse in jeder Form. Sie werden nach der Mahlzeit spüren, wie leicht und frisch Sie sich fühlen. Machen Sie einmal den Test: Essen Sie einen Rindsbraten mit Kartoffelknödeln und Brokkoli und am nächsten Tag den Rindsbraten nur mit der Gemüsebeilage. Sie werden den Unterschied spüren!
Beim Fleischkonsum sollte auf Abwechslung Wert gelegt werden. Im Winter eher auf kräftige Fleischsorten wie Rind zurückgreifen, während man an heißen Sommertagen Pute und Huhn bevorzugen kann.

„Fleisch gibt Kraft."

Milch und Milchprodukte

Milchprodukte sind zu einem guten Geschäft geworden und wenn Sie sich in einem Laden ein frisches Joghurt kaufen wollen, dann werden Sie vor einer langen Regalzeile stehen und einige Minuten brauchen, um sich zu orientieren.

Gesund oder Geschäftemacherei?

Als hätte die Natur nicht alles perfekt gemacht, werden viele unserer Milchprodukte mit besonders „gesunden“ Zusätzen angereichert. So gesund, dass wir uns sogar bei einem viel zu sehr gesüßten Milchprodukt noch einreden lassen, dass es uns guttut! Haben Sie schon einmal eine Werbung für ein total natürlich hergestelltes Joghurt gesehen? Man könnte sogar direkt davon ausgehen, dass Produkte, je mehr sie mit Zusatzstoffen angereichert sind, desto besser beworben werden.

Lange Haltbarkeit – Fluch oder Segen?

Ich bin natürlich ein überzeugter Fan von Bioprodukten, sehe aber die langen Haltbarkeitszeiten, die leider auch vor Biomilchprodukten nicht Halt machen, äußerst kritisch. Es gibt schon einige wenige Studien, die darauf hinweisen, dass sich das extreme Verkleinern der Fettkügelchen bei der ESL-Methode nachteilig auf die Gesundheit auswirken kann. ESL steht für extended shelf life, also längere Haltbarkeit im Regal.
Sogenannte Rohmilch setzt, wenn man sie über Nacht stehen lässt, eine Fettschicht ab. Man hat dann also Magermilch und Rahm. Das klingt einleuchtend. Behandelte Milch setzt keine Rahmschicht

mehr ab, sie wird auch nur mehr sehr selten sauer, wenn sie abgelaufen ist, sondern eher schimmlig. Rohmilch, die man stehen lässt, wird bei guten Bedingungen nach einigen Tagen zu Joghurt. Auch bei kurzzeiterhitzter, pasteurisierter Milch, die ein kurzes Ablaufdatum hat, kann man beobachten, wie sie nach einigen Tagen „stockt". Das ist ein Zeichen, dass die wichtigen Milchsäurebakterien noch aktiv sind.
Das Bestreben der Milchindustrie war ja in der Zeit, als unsere Kinder noch jünger waren (so vor ca. 12 Jahren), überhaupt mehr Haltbarmilch in den Handel zu bringen, das wurde auch massiv beworben. Allerdings gab es dann einige kritische Berichte in den Medien, was den Gesundheitsaspekt dieser Milch betrifft, und die Haltbarmilch konnte sich bei uns Konsumenten nicht durchsetzen. Längere Haltbarkeit bei den Milchprodukten ist natürlich für den Vertrieb wesentlich günstiger. Es wurde also weiter entwickelt und geforscht, um einerseits dem Wunsch der Industrie nach längerer Haltbarkeit Rechnung zu tragen und andererseits beim Konsumenten gleichzeitig den Eindruck zu erwecken, dass es sich um ein frisches Produkt handelt. Mit ESL-Milch, meist deklariert als Milch, die „länger frisch" ist, konnte diesem Wunsch Rechnung getragen werden.
Auch wenn auf der Packung „länger frisch" steht – mit frisch hat das Ganze nichts mehr zu tun. Mich ärgert dabei auch, dass die Packungen mit ESL-Milch identisch sind mit jener von Frischmilch und lediglich irgendwo auf der Verpackung relativ unscheinbar „länger frisch genießen" drauf steht.
Wir sollten also bei der Wahl unserer Milchprodukte nicht der Bequemlichkeit den Vorzug geben, sondern auf den naheliegenden gesundheitlichen Wert achten. Natürlich ist es praktisch, wenn Milch nicht sofort schlecht wird, wenn man sie nicht gleich in den Kühlschrank stellt. Solange es nicht mehr und längerfristige Studien zum Konsum von Milchprodukten mit längerer Haltbarkeit gibt, sollte man den Genuss sehr kritisch betrachten.
Vor 14 Jahren habe ich mich durch meine Arbeit an meinem Buch „Köstlichkeiten aus Milch" sehr intensiv mit dem Thema Milch und Milchprodukte auseinandergesetzt. Damals war ESL-Milch noch kein Thema und Haltbarmilch war geradezu verpönt. Bio war noch nicht in allen Regalen zu finden und seine Milchprodukte selbst herzustellen war gerade nicht „modern". Mit dem Buch

habe ich damals einen wahren Milch-Boom (zumindest wurde es in den Medien so beschrieben) ausgelöst. Ich bekomme heute noch E-Mails und Anrufe, in denen mir Leserinnen und Leser mitteilen, wie gut die selbst gemachten Milchprodukte schmecken.

Milch

In meiner Kindheit war es üblich, die Milch beim Bauern zu holen, dazu hatten wir zwar nicht immer Lust, aber es war ein täglicher Weg, den wir gehen mussten. Milch hatte also einen eigenen Stellenwert. Die Milch wurde entweder sofort abgekocht und die Milchhaut (= Fettschicht) entfernt, sodass wir immer in den Genuss von fettarmer Milch kamen. Oder die Milch wurde über Nacht stehen gelassen und die Rahmschicht am Morgen abgeschöpft. Das heißt, dass Milch wirklich nur in Form von fettarmer Milch getrunken und weiterverwendet wurde. Heute hat Milch mit Hilfe eines aufwändigen Verfahrens einen Fettanteil von punktgenau 3,5 %. Dieser Fettanteil ist in der ganzen Milch verteilt und setzt sich nicht ab. 3,5 % Fett ist ein sehr hoher Anteil. Daher sollte man soweit es geht zu möglichst fettarmer Milch (1 % Fett) greifen. Wer die Möglichkeit hat, seine Milch direkt beim Bauern, im Bauernladen oder bei einem Milchautomaten zu beziehen, der kann sich erstens sicher sein, dass er ein sehr natürliches Produkt hat, und zweitens seine Milch selbst wie oben beschrieben entrahmen.

Joghurt

Sie lieben Joghurt? Aber schön langsam wissen Sie nicht mehr, welche Sorte Sie kaufen sollten? Mittlerweile ist das Angebot an Joghurtsorten riesig und für aufwändige, wechselnde Verpackungen wird sehr viel Geld ausgegeben. Die meisten Kaufentscheidungen werden unbewusst danach getroffen, ob einem ein Produkt sympathisch ist, also ob einem die Farbe, das Bild und die Schrift der Verpackung entspricht. Auch der Slogan fit, schlank und gesund animiert zum Kauf. Nur weil auf einem Joghurt das Wort „Fasten“ draufsteht, befindet man sich noch nicht im Rhythmus des Fastens. Aber es beruhigt zumindest das schlechte Gewissen. Wer einmal testen möchte, wie sehr Joghurts mit Aromastoffen versetzt sind, der kann sich ein Nussjoghurt kaufen und zugleich

zu Hause ein Joghurt mit Haselnüssen und etwas Zucker vermischen. Dann macht man eine Verkostung. Bei dem selbst zubereiteten Joghurt muss man schon sehr geschulte Geschmacksnerven haben, um die Nüsse herauszuschmecken. Also muss dem Nussjoghurt ein aromaverstärkendes Mittel zugefügt worden sein – welches, können Sie kleingedruckt auf der Verpackung nachlesen. Bei Workshops mit Schulkindern zum Thema Milch- und Milchprodukte haben wir unter anderem Blindverkostungen gemacht. So gut wie keines der Kinder erkannte bei fertigen Joghurts den Unterschied zwischen Erdbeere, Kirsche und Himbeere. Bei Joghurt mit frischen Früchten war das kein Problem.
Nun, ein guter Weg ist, sich auf jahreszeitliches Obst zu verlassen und je nachdem, was gerade wächst, Früchte frisch zu mixen oder klein zu schneiden. Sie werden es genießen! Ein kleines Mixgerät, das leicht zu handhaben ist, leistet dabei gute Dienste.

Kaufen oder selber machen?

Bei Joghurt gilt es ebenfalls darauf zu achten, dass es ein relativ kurzes Ablaufdatum hat. Joghurt kann auch ganz einfach selbst gemacht werden: Es gibt sehr preisgünstige Joghurtbereiter zu kaufen, meist mit 7 Gläsern zu 125 ml. Man verwendet 1 Liter hochwertige Milch (entweder erhitzt oder für den Eigengebrauch kann man auch Rohmilch verwenden) und rührt bei einer Temperatur von ca. 42 °C die Kultur ein (je nach Kultur ist die Milchtemperatur unterschiedlich). Joghurtkulturen erhalten Sie in Drogeriemärkten oder zum Teil auch in Lagerhäusern, oder man bestellt sie im Fachhandel. Ein Speisethermometer, das Sie dazu unbedingt brauchen, gibt's z.B. beim Optiker. Da reicht ein sehr einfaches preisgünstiges Thermometer. Die angereicherte Milch wird in die Gläser abgefüllt, Deckel drauf, in den Joghurtbereiter gestellt und einige Stunden „bebrütet". Die Zeit ist unterschiedlich, weil nicht jede Milch gleich reagiert. Rohmilch hat noch mehr Milchsäurebakterien, daher ist das Joghurt schneller fertig.
Joghurt wird erst im Kühlschrank richtig fest, man muss also eine Geschmacksprobe machen. Joghurt sollte während der Zubereitung erschütterungsfrei stehen, da es ansonsten nicht mehr fest wird. Wenn das Joghurt fertig ist, gleich in den Kühlschrank stellen. Für weitere Zubereitungen kann man sich dann immer ein Glas Joghurt als Joghurtkultur zurückbehalten.

Topfen

Topfen hat einen sehr hohen Stellenwert in der gesunden Ernährung. Topfen wird in den unterschiedlichsten Fettstufen angeboten. Die Entscheidung, welchen Topfen man verwendet, hängt davon ab, wie er weiterverarbeitet wird. Es hat wenig Sinn, Aufstrich aus Magertopfen zuzubereiten, wenn man dann Fett dazugibt, damit er schmackhafter und streichfähiger wird. Für Mehlspeisen sollte man eher fetteren Topfen verwenden.
Ich finde, dass Topfenaufstriche eine köstliche Alternative zu fertig gekauften Aufstrichen sind. Und sie sind, mit einer Küchenmaschine mit Mixermesser, auch sehr schnell zubereitet. Man kann sie mit frischen Kräutern, Zwiebel, Knoblauch, Sesam und Leinsamen, Kürbis- und Sonnenblumenkernen, oder auch mit Schinken, Lachs oder Thunfisch zubereiten.
Einfach die gewünschten Zutaten in den Mixer geben, hacken, Topfen kurz mitrühren und salzen – schon hat man die herrlichsten Aufstriche. Für süße Topfencremes gilt dasselbe. Früchte im Mixer zerkleinern, Topfen kurz dazurühren – fertig! Wichtig ist nur, den Topfen nicht zu lange zu rühren, da er sonst flüssig wird.

Käse

Auch für Käse gilt: Das Angebot ist mittlerweile unüberschaubar geworden. Leider kann man sich auch nicht mehr darauf verlassen, dass es auch heimischer Käse ist, wenn ein österreichischer Verarbeitungsbetrieb draufsteht. Meldungen, dass ein heimischer Verarbeitungsbetrieb Milch und Topfen aus dem Ausland gekauft hat und dann einen „heimischen“ Quargel hergestellt hat, haben mein Vertrauen in unsere Gesetze und Deklarationen von Lebensmitteln sehr schwer erschüttert.
Ich habe in der Nachbarschaft eine sehr liebenswerte Altbäuerin, die mit Leidenschaft und Hingabe Süß- und Sauerkäse herstellt. Das ist Käse, wie er sein sollte. Aber auch viele Verarbeitungsbetriebe bieten sehr gute Qualität, die man aber auch bezahlen muss und soll. Billigkäse ist meist von minderwertiger Qualität und der Geschmack lässt oft zu wünschen übrig.
In letzter Zeit ist Analog-Käse in den Medien breitgetreten wor-

den. Ob er gut oder schlecht ist, darüber gehen die Meinungen auseinander, allerdings kann man schon fordern, dass eine klar ersichtliche Deklaration vorhanden ist. Immerhin ist in Analog-Käse Pflanzenöl und er wird aus den unterschiedlichsten Zutaten kreiert. Analog-Käse findet sich vor allem in überbackenen Fertigprodukten oder als Pizza-Käse. Analog-Käse erkennt man daran, dass das Wort „Käse" bei der Produktinformation nicht enthalten ist, sondern stattdessen z.B. Pflanzenfette und Aromastoffe draufsteht.
Für Vegetarier oder Menschen mit Lactose-Unverträglichkeit, die den Käsegeschmack gerne haben, kann Analogkäse eine gute Alternative sein. Zu beachten ist, dass Analog-Käse z.B. aus Palmfett hergestellt wird, das heißt, dass er einen hohen Anteil an gesättigten Fettsäuren hat. Über die gesundheitlichen Auswirkungen von Analog-Käse gibt es noch keine Langzeitstudien.

Butter

Wie schon im Kapitel *Verwendung von Fett* erwähnt: Mir ist ein gutes Stück Butter, das natürlich hergestellt wurde, lieber als Margarine, die einem aufwändigen Herstellungsverfahren unterzogen wurde. Während Butter eine Zeitlang total verpönt war und bei einem leicht erhöhten Cholesterinspiegel sofort der Genuss von Butter eingeschränkt wurde, hat man da inzwischen wieder neue Erfahrungen gesammelt und dazugelernt.
Butter ist natürlich kein Billigprodukt, aber mittlerweile wissen wir ja, dass wir für gute Qualität auch bezahlen müssen.

Joghurtdrinks und Milchshakes

Joghurtdrinks schmecken herrlich, mit frisch gemixten Früchten angereichert haben sie einen sehr hohen Nährwert. Dasselbe gilt für Milchshakes. Wenn Sie Ihre Joghurtdrinks und Milchshakes selbst mixen, werden Sie sehr schnell merken, dass diese nur in frischem Zustand appetitlich aussehen. Bei gekauften Produkten müssen daher Zusatzstoffe dazugegeben werden, um dieses frische Aussehen möglichst lange zu halten.
Die Zubereitung von Joghurtdrinks und Milchshakes ist im Mixer ganz einfach, immer zuerst die frischen, gewaschenen, etwas

geschnittenen Früchte im Mixer pürieren, Joghurt mit Mineralwasser oder Milch dazu, kurz mitrühren und fertig!

Und wie schaut's mit light-Produkten aus?

Das große Problem bei light-Produkten ist, dass sie suggerieren, „leicht" zu sein, fettarm, kalorienarm und doch gesund. Leider haben diese Produkte einen sehr schlechten Sättigungswert, und das Gefühl, man kann das sowieso essen, weil es nicht dick macht, ist geradezu fatal. Light-Produkte sind sehr teuer und um dieses Geld kann man sich ein hochwertiges, natürliches Produkt kaufen. Meine Töchter hatten eine Zeit, in der sie ausschließlich light-Produkte gekauft haben, das war für mich sehr schwierig, weil ich mich schon gefragt habe, was habe ich in der Ernährungserziehung falsch gemacht. Aber diese Phase ist sehr schnell vorübergegangen und sie sind wieder bei hochwertigen Bioprodukten gelandet.

Gemüse und Salat

Lieben Sie Gemüse? Dann sind Sie in der glücklichen Lage, einen wesentlichen Teil zur gesunden Ernährung von Vornherein zu erfüllen. Aber nehmen Sie auch Rücksicht auf die Jahreszeiten? Oder glauben Sie auch den vielen Ernährungsempfehlungen, täglich Salat in die Ernährung einzubauen? Sommersalat im Winter und abends? Salat als Abnehmhilfe? Natürlich nimmt man ab, wenn man abends nur Sommersalat isst, ist dieser Salat ja nicht gerade mit reichhaltigen Inhaltsstoffen gesegnet.

Roh oder gekocht

Darüber, ob man Gemüse roh oder gekocht genießen soll, scheiden sich die Geister. Ich habe eine Bekannte, die sich ein halbes Jahr lang nur von Rohkost ernährt hat. Sie meinte zwar im Nachhinein, dass es ihr körperlich sehr gut getan hat, aber irgendwann wäre sie wieder zur normalen Ernährung übergegangen.
Ich finde, man muss es ausprobieren, was für einen selbst bekömmlicher ist. Und da ist jeder Mensch verschieden. Zu viel Rohkost kann Blähungen hervorrufen, andererseits schmecken viele Gemüsesorten schon sehr gut, wenn man sie roh genießen kann. Ich denke schon, dass Rohkost für manche eine interessante

Ernährungsform sein kann, allerdings sollte man sich da wirklich sehr intensiv mit dem Thema beschäftigen.

Zubereitung

Dünsten Sie das Gemüse nicht zu Tode, sondern geben Sie immer nur sehr wenig Wasser dazu. Dampfgarer sind ideal. Das Dünstwasser kann man als Gemüsesuppe weiterverwenden.
Besonders schmackhaft ist Röstgemüse. Gemüse sehr fein schneiden, Butter oder Öl in eine Pfanne geben und das Gemüse darin rösten. Es ist dann sehr knackig und durch die Kombination mit hochwertigem Fett auch kräftigend.

Gemüseliebhaber werden

Wenn Sie nicht unbedingt ein Gemüsefan sind, kann es auch daher kommen, dass Ihnen einzelne Gemüsesorten nicht schmecken und Sie innerlich pauschalieren, dass Gemüse nur gegessen werden soll, weil es gesund ist. Was natürlich den inneren Widerstand weiter erhöht. Gemüseliebhaber werden Sie dadurch, dass Sie den einzelnen Gemüsesorten Ihre Aufmerksamkeit schenken, unterschiedliche Zubereitungsarten ausprobieren und dann jene Sorten genießen, die Sie mögen. Das tut dann auch Ihrem Körper gut.
Wenn Sie mehr und mehr Gemüse essen, dann werden sich Ihre Geschmacksnerven so umstellen, dass Ihnen auch mehrere Sorten schmecken.

„Jeder hat ein Lieblingsgemüse – kenne ich meines?“

Im Folgenden führe ich die im Rezeptteil verwendeten Gemüsearten auf, damit Sie immer gleich nachschauen können, was Sie sich mit diesem oder jenem Rezept heute gutes tun:

Bärlauch

Bärlauch enthält viel Vitamin C, Eisen, Magnesium und Mangan. Vor allen Dingen zeichnet sich Bärlauch durch seine stoffwechselanregende Wirkung aus. Bärlauch soll auch eine positive Wirkung gegen Ablagerungen in den Gefäßen haben. Bärlauch lässt sich gut einfrieren.

Blattspinat

Spinat enthält Beta-Karotin und Eisen, viel Vitamin C, Kalium und Kalzium. Bei der Zubereitung des Spinats soll man darauf achten, dass man die dicken Stiele entfernt, da sie am meisten Nitrat enthalten. Grundsätzlich ist ein normaler Nitratgehalt für gesunde Erwachsene kein Problem, leider wird da in den Medien oft eine große Verunsicherung hervorgerufen.

Bohnen

Bohnen enthalten reichlich Eiweiß, sodass man eine Fleischmahlzeit gut durch ein Bohnengericht ersetzen kann. Bohnen haben einen hohen konstanten Sättigungswert, sodass man vor Heißhungerattacken geschützt ist.

Gewürze/Kräuter: Bohnenkraut, Thymian, Estragon
Zubereitung: Grüne Bohnen kocht man in Salzwasser, gibt gehackten Thymian und Bohnenkraut dazu, Wasser mit Eiswürfel vorbereiten und die gekochten Bohnen darin abschrecken, so behalten sie ihre schöne Farbe. Anschließend 1/2 TL Butter in einer beschichteten Pfanne erhitzen, Bohnen darin schwenken und ziehen lassen.

Brennnessel

Die Brennnessel regt die Nierentätigkeit und den Stoffwechsel an und wirkt somit harntreibend. Besonders bemerkenswert ist der Inhalt an Histamin und Serotonin. Verwenden sollte man nur die jungen Brennnesselspitzen. Brennnesseln sollte man nur an geschützten Plätzen pflücken, der Vorteil ist, dass sie wirklich überall wachsen. Brennnesseln verlieren während der Zubereitung (wie auch Spinat) sehr an Volumen.

Brokkoli

Brokkoli hat einen hohen Anteil an Ballaststoffen und wirkt sich daher günstig auf die Verdauung aus. Sein hoher Anteil an Antioxidantien, die gegen freie Radikalen wirken machen Brokkoli besonders wertvoll für die Ernährung.

Gewürze/Kräuter: Muskat
Zubereitung: Röschen vom Strunk trennen, Röschen teilen, Strunk eventuell schälen und klein schneiden und mit Muskat in Salzwasser dünsten. Erst später die Röschen dazugeben, da sie eine geringere Garzeit haben.

Brunnenkresse

Kaum ist der letzte Schnee weg, wächst auch schon an Bachläufen die aromatische Brunnenkresse. Brunnenkresse wirkt harntreibend und blutreinigend sowie stoffwechselanregend. Sie enthält Gerb- und Bitterstoffe sowie Vitamine A, B 1, B 2, C und E. Brunnenkresse wird sehr schnell welk und verliert ihre Wirkstoffe. Da sie sehr intensiv schmeckt, sollte man sie eigentlich wie ein Gewürz verwenden.
Ich freue mich alljährlich auf die erste Brunnenkresse, wovon ich mir täglich ein paar Blätter pflücke und diese während meines Morgenspazierganges genieße.

Chicorée

Chicorée hat eine sehr positive Wirkung auf die Verdauung. Durch die enthaltenen Bitterstoffe (in der Mitte des Strunkes) wird die Produktion von Verdauungssäften angeregt und für eine gesunde Darmflora gesorgt. Er enthält viel Kalium, aber auch Phosphor und Kalzium.
Wertvolle Ballaststoffe machen den Chicorée zu einem gesunden Begleiter im Winter.

Gewürze/Kräuter: **Basilikum, Kümmel**
Zubereitung: Chicorée kann man einfach als Salat zubereiten, eventuell als harmonische Abrundung ein paar Sonnenblumenkerne

darüberstreuen. Besonders schmackhaft ist gedünsteter Chicorée, den man überbäckt oder in Schinken wickelt.

Chinakohl

Chinakohl enthält unter anderem Kalzium, Natrium und Vitamin C sowie Folsäure und wertvolle Aminosäuren. Besonders, wer sich mit den herkömmlichen Kohlsorten nicht so anfreunden kann und davon Blähungen bekommt, wird den nicht so intensiven Kohlgeschmack des Chinakohls sehr zu schätzen wissen.

Gewürze/Kräuter: Lorbeer, Majoran, Kümmel, Muskat
Zubereitung: Chinakohl kann man roh, aber auch sehr gut gedünstet verwenden. Besonders schmackhaft ist Salat aus Chinakohl mit warmen, gerösteten Schinkenwürfeln und Kümmel. Gedünsteter Chinakohl soll bei sehr schwacher Hitze zubereitet werden.

Eisbergsalat

Eisbergsalat enthält unter anderem Kalium, Kalzium und Phosphor sowie Vitamin C. Durch den, wie bei fast allen Salaten, hohen Gehalt an Wasser eignet sich Eisbergsalat hervorragend für eine leichte Mahlzeit. Mir schmeckt Eisbergsalat besonders gut, da er durch seine feste Blattstruktur sehr knackig und erfrischend ist.

Gewürze/Kräuter: Petersilie, Schnittlauch, Bohnenkraut
Zubereitung: Eisbergsalat kann auch gut zum Dünsten verwendet werden, oder man mischt ihn mit gekochten, blättrig geschnittenen Kartoffeln. Als Dressing eignet sich Mayonnaise oder Joghurt.

Erbsen

Erbsen haben einen sehr hohen Eiweißgehalt und wertvolle Ballaststoffe. Durch den hohen Zink- und Vitamin-B-Gehalt wirken sie beruhigend.

Gewürz/Kräuter: Bohnenkraut, Petersilie
Zubereitung: Erbsen aus den Schoten lesen und gegebenenfalls waschen. Zwiebel fein hacken, in 1/2 TL Öl rösten, die Erbsen dazugeben und mit Wasser aufgießen, sodass die Erbsen bedeckt sind. Gehacktes Bohnenkraut dazugeben. Dünsten, bis die Erbsen bissfest sind. Mit gehackter Petersilie bestreuen.

Fenchel

Die Inhaltsstoffe des Fenchels fördern die Beweglichkeit des Darmes und haben eine entkrampfende Wirkung auf den Verdauungstrakt. Fenchel ist auch als Tee zur Unterstützung der gesunden Ernährung sehr empfehlenswert.

Gewürze/Kräuter: Pfeffer und Muskat
Zubereitung: Fenchel sorgfältig putzen, halbieren und vom Strunk befreien. Einen Spritzer Zitronensaft zum Kochwasser geben und den Fenchel weichdünsten. Mit Pfeffer und Muskat würzen, salzen.

Frühlingszwiebeln

Frühlingszwiebeln haben eine verdauungsfördernde und antibiotische Wirkung. Frühlingszwiebeln kann man wie Lauch verwenden. Frühlingszwiebeln sind milder im Geschmack als herkömmliche Zwiebeln. Ich verwende Frühlingszwiebel auch sehr gerne klein geschnitten in grünem Salat.

Grünkohl

Grünkohl ist das vitaminreichste Wintergemüse, er hat doppelt so viel Vitamin C wie z.B. Orangen, Grünkohl hat einen sehr hohen Anteil an Vitamin A + C sowie Kalium und Kalzium. Und – sein hoher Anteil an Ballaststoffen macht ihn zu einem sehr sättigenden Gemüse. Grünkohl harmoniert sehr gut mit deftigeren Zutaten (wie Speck, Würste).

Gewürze/Kräuter: Kümmel, Muskat

Gurken

Gurken haben einen sehr hohen Wasseranteil und sind daher nicht sättigend. Will man das Abnehmen fördern, so wählt man eine Fleischspeise nach Geschmack und ersetzt die Beilage durch Gurkensalat. Gurken haben eine entwässernde und entzündungshemmende Wirkung.

Gewürze/Kräuter: Dill, Gurkenkraut, Schnittlauch
Zubereitung: Gurke gut waschen, nicht schälen (außer Feldgurken), da die meisten Vitamine unter der Schale sitzen, die Enden großzügig wegschneiden. Gurken erst kurz vor dem Verzehr salzen, da

das Salz wertvolle Inhaltsstoffe entzieht. Gurken und Dill sind eine hervorragende Geschmackskombination. Besonders gut schmeckt Gurkensalat mit fein gehacktem Knoblauch und Magerjoghurt-dressing.

Karfiol

Karfiol ist ein sehr leicht verdauliches Gemüse, das sich gut als Beilage eignet, wenn die Hauptspeise eine eher gehaltvolle Fleischspeise ist. Karfiol kann man aber auch sehr gut als Hauptspeise zubereiten, wenn man ihn in Brösel schwenkt oder paniert.

Gewürze/Kräuter: Petersilie
Zubereitung: Karfiol von den grünen äußeren Blättern entfernen, die kleinen gelben Blätter kann man gut verwenden, Strunk entfernen. Karfiol entweder im Ganzen dämpfen oder in Röschen teilen und in Salzwasser dünsten, die kleinen Blätter zu Ende der Garzeit mitdünsten. Wenn man dem Wasser etwas Milch und Zucker zugibt, bleiben die Röschen schön weiß. Karfiol eignet sich auch zum Rohessen und als Salat mit Mayonnaise.

Karotten

Karotten sind besonders leicht bekömmlich, roh eignen sie sich hervorragend als knackfrischer Snack. Karotten sollte man eigentlich immer auf Vorrat zu Hause haben, sie wirken in vielen Speisen wie Gulasch, Sauce Bolognese oder Eintopfgerichte als Geschmacksverstärker, allerdings sollte man nur 1–2 Karotten zufügen. Karotten sind ein äußerst preiswertes Gemüse.

Gewürze/Kräuter: Zitronenthymian

Kohl

Kohl enthält reichlich Ballaststoffe und ist sehr sättigend. Die blähende Wirkung von Kohl kann man mildern, indem man ihn mit Kümmel würzt. Kohl ist ein ideales Herbstgemüse, das auch eine wärmende Wirkung auf den Körper hat. Seine Verwendungsmöglichkeiten sind vielfältig, angefangen von Kohlrouladen über Kohlsuppe, der man eine entschlackende Wirkung nachsagt, bis hin zu Kohl-Kartoffel-Gemüse.

Gewürze/Kräuter: Kümmel, Petersilie, Muskat, Piment (ganz sparsam dosieren), Lorbeer

Kohlrabi

Kohlrabi eignet sich roh ausgezeichnet zum zwischendurch Knabbern. Er hat viele wertvolle Inhaltsstoffe, wie Folsäure oder Selen. Die kleinen, zarten Blätter des Kohlrabis haben einen sehr hohen Vitaminangehalt und lassen sich gut verwenden, z.B. zum Würzen von Eintopfgerichten. Kohlrabi lässt sich auch ausgezeichnet lagern und ist lange haltbar.

Gewürze/Kräuter: Muskat, Schnittlauch
Zubereitung: Kohlrabi schälen und in Streifen schneiden, die kleinen, zarten Blätter zurückbehalten. Kohlrabistreifen mit Muskat in wenig Salzwasser dünsten, Blätter zum Schluss der Kochzeit dazugeben und kurz mitdünsten. Vor dem Servieren mit gehacktem Schnittlauch bestreuen.

Kohlsprossen

Kohlsprossen haben einen relativ hohen Eiweißgehalt und Ballaststoffe, sie sind daher sättigend. Kohlsprossen haben einen doppelt so hohen Vitamin-C-Gehalt wie Orangen.

Gewürze/Kräuter: Basilikum, Muskat, Salbei und Thymian

Kopfsalat

Der Vorteil von Salat liegt klar auf der Hand, optisch gibt er viel her, da auch eine gewichtsmäßig sehr kleine Menge nach viel ausschaut. Salat allein macht nicht satt und es ist zum Teil schon gesundheitsschädlich, wenn gerade beim Abnehmen Salat pur zur wiederholten Hauptmahlzeit erkoren wird, und das zu jeder Jahreszeit. Eines ist nämlich klar: Salat hat eine kühlende Wirkung auf den Körper und ist gerade an Winterabenden, wo man eher zum Frieren neigt, einfach ungeeignet als Abendmahlzeit.
Aber gibt es eine sehr empfehlenswerte Kombinationsmöglichkeit, nämlich mit Fleisch. Egal ob Sie Salat mit Putenstreifen genießen, hochwertiges Rindfleisch blättrig schneiden und rösten oder Hühnerstücke auf dem Salat verteilen, mit dieser Speise werden Sie sich stark und energiegeladen fühlen.

Kraut

Kraut ist ein wahrer Gesundbrunnen für die kalte Jahreszeit, Kalium, Kalzium und Phosphor sowie ein nennenswerter Anteil an Vitamin C decken unseren Bedarf. Ein hoher Anteil an Ballaststoffen sorgt für ein anhaltendes Sättigungsgefühl.

Gewürze/Kräuter: Kümmel (schwächt die blähende Wirkung), Lorbeer
Zubereitung: Kraut können Sie (kurz gedünstet und fein gehobelt) als Krautsalat mit kross gebratenen Speckwürfeln genießen, in Form von Krautrouladen, als Eintopf oder als Suppe. Wenn Sie Kraut gut vertragen, dann werden Sie mit der Zeit sehen, wie abwechslungsreich Kraut in der Küche verwendet werden kann.

Kürbis

Kürbis hat auf den Körper eine wärmende Wirkung und gilt auch als Arzneipflanze, besonders die schmackhaften Kürbiskerne lindern Prostatabeschwerden, Kalium, Kalzium, Vitamine A, C und E runden den gesundheitlichen Wert des Kürbisses ab.

Gewürze/Kräuter: Muskat, Pfeffer
Zubereitung: Kürbis findet in der Küche als Suppe Verwendung, aber auch als Kürbisgulasch oder Lasagne schmeckt Kürbis. Viele Restaurants haben zur Kürbiszeit ausgefallene Kürbisgerichte auf der Speisekarte – ausprobieren und genießen!

Lauch

Lauch regt die Verdauungstätigkeit an und wirkt antibakteriell und entzündungshemmend. Durch seinen intensiven Geschmack eignet er sich sowohl als Würzmittel, aber auch für feine Suppen. Lauch ist ein relativ preiswertes Gemüse, lediglich Menschen, die unter Migräne leiden, sollten bei dem Genuss von Lauch vorsichtig sein. Lauch schmeckt hervorragend in Kombination mit Käse.

Gewürze/Kräuter: Lauch hat einen sehr intensiven Eigengeschmack und wird deshalb in der Küche auch anstelle von Gewürzen verwendet.
Zubereitung: Die dunklen Blätter großzügig wegschneiden, entweder roh in Ringe schneiden und zu Salaten und Gemüsegerichten

geben, zum Dünsten schneidet man ihn in Stücke und gibt ihn zu Suppen, Saucen und Eintöpfen.

Löwenzahn

Löwenzahn enthält Inulin, Kalium und Bitterstoffe und wirkt harntreibend und stoffwechselanregend. Löwenzahn sollte eher nur in kleineren Mengen verwendet werden, das heißt man kann z. B. klein geschnittene Löwenzahnblätter in den Salat schneiden. Löwenzahn hat einen herb-bitteren Geschmack, der besonders mit Knoblauch harmoniert. Von Löwenzahn verwendet man die jungen Blätter.

Melanzani

Melanzani enthalten Vitamin B 1, B 2, Folsäure, Phosphor, Magnesium und Kalzium.

Gewürze/Kräuter: Oregano, Thymian, Majoran
Zubereitung: Melanzani schmecken sowohl gegrillt als auch überbacken köstlich. In Scheiben geschnittene Melanzani, die man paniert und in heißem Fett herausbäckt, haben einen pilzähnlichen Geschmack.

Paprika

Üblicherweise erhält man im Handel Paprika in den Farben grün, gelb, rot. Am meisten Vitamin C enthalten rote Paprika. Paprika ist reich an Ballaststoffen und verdauungsfördernd. Paprika ist auch ein Gemüse, das man gut zwischendurch essen kann. Paprika haben einen sehr hohen Wassergehalt und sind nicht unbedingt sehr sättigend.
Eine der beliebtesten Speisen sind nach wie vor gefüllte Paprika. Man kann sie auf unterschiedliche Weise zubereiten, entweder mit Faschiertem gefüllt, oder mit Reis, Buchweizen oder Hirse. Paprika geben Nudelsalaten einen frischen Geschmack. Abgepackte Paprika immer gleich aus der Folie nehmen, da sie leicht matschig werden.

Gewürze/Kräuter: Paprika hat einen würzigen Eigengeschmack und wird getrocknet auch als Gewürz verwendet, Paprika harmoniert mit Schnittlauch

Zubereitung: Paprika, die man roh verwendet, von Strunk und Kernen befreien, für gekochte Paprika muss man alle helleren Teile sehr gut wegschneiden, da die Paprika den Speisen sonst einen bitteren Geschmack geben.

Rhabarber

Rhabarber ist ein Gemüse, wird aber wie Obst verwendet. Er hat eine leicht abführende und verdauungsfördernde Wirkung. Er schmeckt säuerlich und erfrischend. Rhabarber ist ein typisches Lebensmittel, das von Kindern eher verschmäht wird, und vielen von uns geht es so, dass wir den Geschmack von Rhabarber erst mit zunehmendem Alter schätzen lernen. Rhabarber ist roh ungenießbar.

Rote Rüben

Unter anderem enthalten rote Rüben Flavonoide, Eisen, B-Vitamine und Folsäure. Ihr gesundheitlicher Wert ist unbestritten, besonders die antioxidantive Wirkung. Rote Rüben sollen eine krebshemmende Wirkung haben.

Gewürze/Kräuter: Nelken, Lorbeer, Pfeffer
Zubereitung: Gedünstet und in Scheiben geschnitten als Salat, oder man schält die roten Rüben, schneidet sie in Stücke, dünstet sie kurz und bäckt sie in Bierteig.

Rucola

Rucola hat in den letzten Jahren nicht zu Unrecht eine Renaissance erfahren. Ich habe im letzten Jahr Rucola in meinem Garten gepflanzt, der scheinbar nie so richtig gut gedieh. Heuer kommen jedoch an den unterschiedlichsten Stellen im Garten kleine Rucolapflänzchen heraus, er hat sich selbst ausgesäht und die heurigen Pflanzen wirken sehr robust und stark. Rucola hat einen hohen Gehalt an Vitamin C, enthält Bitterstoffe und wirkt verdauungsfördernd.

Gewürze/Kräuter: starker Eigengeschmack, sodass man Rucola auch wie ein Gewürz verwenden kann
Zubereitung: Rucolasalat wird am besten mit anderen Salatsorten der Saison gemischt, da er solo, wie schon erwähnt, einen sehr

intensiven Geschmack hat. Pizzateig kann man mit Tomatensauce bestreichen, backen und anschließend Rucola darauf verteilen.

Sauerkraut

Sauerkraut wirkt besonders in rohem Zustand stoffwechselanregend auf den Darm. Wertvolle Inhaltsstoffe wie Vitamin A + B sowie Folsäure, Kalium und Kalzium machen Sauerkraut zu einem unverzichtbaren Begleiter während der Wintermonate. Mit etwas Speck angeröstet entfaltet Sauerkraut ein intensives Aroma. Sauerkraut schmeckt roh hervorragend und passt gedünstet zu allen deftigen Fleischspeisen.

Kräuter/Gewürze: Sauerkraut würzt man am besten mit Kümmel, Lorbeerblättern und Pfeffer.

Rotkraut

Rotkraut enthält wertvolles Kalium und Magnesium sowie einen hohen Anteil an Vitamin E + C. Bei uns wird Rotkraut meist als Beilage zu Wild und Wildgeflügel gereicht. Durch intensives Würzen entwickelt Rotkraut seinen unverwechselbaren Geschmack.

Kräuter/Gewürze: Lorbeer, Wacholder, Pfeffer, Piment, Nelken

Schwarzwurzeln

Schwarzwurzeln sind eines der gesündesten Wintergemüse. Sie haben einen hohen Gehalt an Eisen und Folsäure sowie Kalium und Vitamin E. Die leberreinigende Wirkung der Schwarzwurzel macht sie zu einem wertvollen Begleiter durch den Winter. Schwarzwurzeln schält man in rohem Zustand und gibt zum Dünstwasser einen Spritzer Zitrone dazu, damit sie ihre schöne helle Farbe behalten. Schwarzwurzeln sind sehr vielseitig verwendbar.

Sellerie

Sellerie wirkt auf den Körper entschlackend und stoffwechselanregend, er enthält B-Vitamine, Vitamin C + E. Die Zubereitung des Selleries ist vielfältig, man kann ihn roh für Salate reiben, dünsten oder panieren und herausbacken. Sellerie gibt auch vielen Speisen einen intensiven Geschmack und wird in vielen Gewürzzubereitungen verwendet.

Kräuter/Gewürze: Durch seinen intensiven Eigengeschmack braucht man Sellerie nicht mit Kräutern oder Gewürzen zu verfeinern.

Spargel

Spargel enthält Vitamin A, B, C und E und eine nicht unerhebliche Menge an Folsäure, seine entwässernde Wirkung ist wohl jedem bekannt. Wer die Möglichkeit hat, kann sich Spargel direkt beim Bauern besorgen, wichtig ist beim Kauf darauf zu achten, dass der Spargel nicht ausgetrocknet wirkt (an den Spitzen und Enden). Spargel lässt sich vielfältig zubereiten und kann von einfacher Spargelcremesuppe bis zu paniertem Spargel mit Sauce hollandaise zubereitet werden. Bei Spargel ist zu beachten, dass die Erntezeit relativ kurz ist und sich das frische, heimische Angebot daher auf wenige Wochen beschränkt. Wer die Möglichkeit hat, sollte Spargel in einem Spargeltopf zubereiten, so werden die dicken Enden richtig gar, ohne dass die Spitzen zu weich sind.

Tomaten

Durch den hohen Gehalt an Lycopin aus der Gruppe der Antioxidantien werden die schädlichen freien Radikalen im Körper neutralisiert. Tomaten haben einen sehr hohen Wassergehalt, sie sind kalorienarm und daher auch zum zwischendurch Essen gut geeignet. Tomaten, die im Garten im Herbst nicht mehr reif werden oder die beim Kauf nicht wirklich reif sind, kann man sehr gut an einem warmen Platz in der Küche nachreifen lassen. Tomaten sind aus einer schlankmachenden Ernährungsweise nicht wegzudenken. Beim Kauf ist es allerdings besonders wichtig, auf gute Qualität zu achten, weil sehr viel Glashaus- bzw. Folienware angeboten wird.

Gewürze/Kräuter: Basilikum, Oregano
Zubereitung: Tomaten kann man roh zu Salaten oder in Kombination mit Mozzarella essen, gedünstet kombiniert man sie mit Paprika, Gurke oder Zucchini.

Wirsing

Wirsing ist reich an Vitamin C, Vitamin B 2 und Eisen, er soll eine kräftigende Wirkung auf Herz und Kreislauf haben.

Gewürze/Kräuter: Lorbeer, Kümmel
Zubereitung: Wirsing kann wie Kohl verwendet werden. Mein Lieblingsgericht: Wirsing in Streifen schneiden, gekochte Kartoffel blättrig schneiden, salzen, vermischen und Schlagobers dazurühren, weich dünsten.

Vogerlsalat

Von den Inhaltsstoffen her ist Vogerlsalat im Vergleich zu Kopfsalat gehaltvoller. Er enthält nennenswerte Mengen an Vitamin C + A, Folsäure und Eisen. Vogerlsalat ist also im Frühling eine sehr gesunde Ergänzung, z.B. zu Kartoffelsalat. Alle Salate kann man natürlich in ihrer Wertigkeit erhöhen, indem man alle Arten von Samen dazugibt.

Zucchini

Zucchini haben eine erfrischende und kühlende Wirkung, sodass sie sich eher im Frühherbst für die Ernährung eignen. Sie sind sehr leicht verdaulich und kalorienarm durch den Wasseranteil von über 90 %. Zucchini sind vielseitig verwendbar und man kann viele Speisen durch die Zugabe von Zucchini leichter und bekömmlicher machen.

Gewürze/Kräuter: Basilikum, Chili
Zubereitung: Zucchini werden mit der Schale verwendet, gut gewaschen und evtl. (bei größeren Früchten) die größeren Kerne herausgeschabt. Zucchini kann man mit etwas Öl anbraten, durch den hohen Wasseranteil braucht man keine Flüssigkeit mehr dazugeben, auf kleiner Flamme dünsten. Auch im Backrohr lassen sich Zucchini (Aufläufe, gefüllte Zucchini) hervorragend zubereiten.

Obst

Über den hohen gesundheitlichen Wert von Obst braucht man wahrscheinlich nicht mehr zu diskutieren. Halten Sie sich beim Obst möglichst an saisonale Produkte, die in der Umgebung wachsen.
Darf ich Sie dazu überreden, einmal in ein Erdbeerland zu fahren, wo man seine Erdbeeren selbst pflücken kann? Nett wär's schon, wenn Sie es einmal versuchen. Sie werden mit einem Gefühl von Wertschätzung und Achtung nach Hause fahren. Und Sie bekommen ein Gespür dafür, was „richtige" Nahrungsmittel sind. Außerdem haben Sie dadurch gesunde Bewegung in der frischen Luft. Oder Sie fragen den Nachbarn, der einige Obstbäume im Garten stehen hat, ob er auch Obst verkauft. Viele Gartenbesitzer sind über Abnehmer froh.
Jedenfalls sollten Sie Ihr Obst – und auch Gemüse – soweit es geht bei Grünmärkten beziehen. Da hat man sehr oft ein regional bezogenes Angebot und kriegt auch noch Informationen zur Lagerung und Zubereitung.
Wenn Sie keine Äpfel mögen, wird das einen Grund haben. Oder Sie bekommen von Himbeeren Ausschlag. Dann steigen Sie um auf andere Obstsorten. Obst ist – im Gegensatz zu Keksen oder Schokolade – als Zwischenmahlzeit ideal: Es bröselt nicht, klebt nicht und man hat keine unsinnige Verpackung. Außerdem gibt es sofort Energie. Wer sich mit einem hohen Anteil an Obst und Gemüse ernährt, wird bald eine neue Leichtigkeit in seinem Körper spüren.

„Obst ist Lebenskraft pur."

Die im Rezeptteil verwendeten Obstsorten sind:

Äpfel

Der Apfel enthält Ballaststoffe, die eine verdauungsfördernde Wirkung haben, Antioxidantien binden die freien Radikalen im Körper. Fast jeder verträgt Äpfel gut, aber es gibt auch hier, wie bei allen Obst- und Gemüsesorten, Ausnahmen. Allerdings hat der Apfel einen so guten Ruf („one apple a day keeps the doctor away"), dass viele Menschen glauben, er müsste für jeden gesund sein. Auch der Genuss von Apfelsaft kann sehr gesund sein, ist aber auch nicht jedermanns Sache.

Zubereitung: Äpfel schmecken roh zu Salaten, in Topfenfruchtcremes oder als Zwischenmahlzeit. Gedünstet lassen sich Äpfel auf die vielfältigste Weise verarbeiten, z.B. zu Apfelstrudel, Apfelkompott oder Apfelradeln.

Birnen

Gerade für Menschen, die Obst mit hohem Säureanteil nicht so gut vertragen, eignen sich Birnen hervorragend zum Verzehr. Durch den relativ hohen Gehalt an Kalium haben sie auch eine leicht abführende Wirkung. Birnen sind mein Lieblingsobst und ich liebe sie in allen Variationen, besonders morgens klein geschnitten im Müsli.

Erdbeeren

Endlich – Erdbeeren sind der richtig erste süße Sommergruß. Wie alle Obstsorten sind auch Erdbeeren davon abhängig, wie viel Sonne sie während der Reifezeit abbekommen haben. Besonders einladend sind Erdbeerstände an den Landesstraßen. Auch hier sollte man nachfragen, ob es sich um heimische Frischware handelt. Meist ist die Herkunft und Qualität in Ordnung. Erdbeeren enthalten viel Vitamin C (mehr als in Orangen und Zitronen) und wertvolles Kalium, das eine entwässernde Wirkung hat.
Erdbeeren schmecken hervorragend in Form von gefüllten Knödeln, aber auch als Marmelade. Um dem Körper so richtig etwas Gutes zu tun, sollte man sich Erdbeeren im Frühling frisch gönnen, mit Joghurt oder als Mixgetränk mit Buttermilch.

Marillen

Eisen, Kalium und Magnesium, Beta-Carotine – so viel zu den wichtigsten Inhaltsstoffen der Marille. Marille ist eine der ersten Steinobstsorten, die im Sommer reift, und jeder von uns erinnert sich wahrscheinlich an die Zeit der Kindheit, wo herrlich flaumige Marillenknödel in köstlichen Zuckerbröseln geschwenkt wurden und von uns hemmungslos verzehrt wurden, wobei mein Bruder es alljährlich schaffte, uns Mädchen beim Wettessen zu übertrumpfen.

Marillen sollten beim Kauf sehr reif sein, da sie nicht mehr nachreifen. Wie bei vielen Obstsorten werden auch hier sehr oft unreife Früchte auf den Markt gebracht. Hohe Qualität bekommt man z.B. bei Obstständen am Straßenrand zu kaufen, hier werden meist frisch geerntete heimische Marillen angeboten.

Weintrauben

Weintrauben können Herz- und Kreislaufkrankheiten vorbeugen, sie enthalten Folsäure und B-Vitamine. Im Herbst sind sie auch ein ideales Mittel, um vor dem Winter noch zu entschlacken. Durch den hohen Zuckeranteil liefern sie rasche Energie.

Zubereitung: Weintrauben sollte man am besten roh genießen, z. B. in Kombination mit Käse, oder man bereitet Weintraubenstrudel, Salat mit Weintrauben oder Weintraubengelee zu.

Zwetschken

Zwetschken enthalten Antioxidantien, Vitamin A, B, C und E, sie haben eine abführende Wirkung. Getrocknete Zwetschken, in Wasser eingeweicht, wirken gegen Verstopfung.

Zubereitung: Zwetschken lassen sich sehr gut dörren, sodass man im Winter sein Müsli damit bereichern oder die getrockneten Früchte zwischendurch essen kann. Zwetschkenknödel, Zwetschkenröster, Zwetschkenfleck, Zwetschkennocken, Zwetsckenkompott – während der Erntezeit sind der kreativen Küche keine Grenzen gesetzt.

Ananas & Co

Sie möchten nicht auf Ihre geliebten Südfrüchte wie Ananas, Orangen oder Bananen verzichten? Das ist kein Problem. Das Schöne an der jahreszeitlichen Ernährungsform ist, dass sie auf Verbote und Dogmen verzichtet. Es geht einfach auch darum, einen bewussten Umgang mit Nahrungsmitteln zu entwickeln. Ab und zu Südfrüchte zu genießen schadet weder Ihnen noch dem Klima, also tun Sie es dann ohne schlechtes Gewissen. Verabschieden Sie sich aber vom Märchen, dass Zitrusfrüchte sooo viel Vitamin C haben: Auch einheimische Beeren – allen voran die Preiselbeeren – haben einen hohen, wenn nicht höheren Vitamin-C-Gehalt als Zitrusfrüchte. Und im Vergleich mit Herbst- und Wintergemüse schneiden Zitrone und Orange auch nicht so gut ab, wie wir meist glauben: 100 g Kohl oder Brokkoli enthalten z.B. über 100 mg Vitamin C, während Zitrone und Orange gerade einmal bei 50 mg Vitamin C stehen.

Vielfach sind Früchte, die von weit her kommen, nicht gerade von berauschender Qualität, ich habe sogar das Gefühl, dass sich die Qualität in den letzten Jahren enorm verschlechtert hat. Natürlich auch, weil wir Kunden keine matschigen, überreifen Früchte kaufen möchten. Mir fällt einfach auf, dass sehr viel des angebotenen Obstes sehr unreif ist, optisch zwar tip-top, aber von einem sonnengereiften Genuss schon sehr weit entfernt.

Und noch ein Gedankenanstoß: Ich weiß nicht, ob jemand im sonnigen, heißen Süden auf die Idee kommt, sich ein wärmendes heißes Kohlgericht zuzubereiten, aber wir denken sogar noch, dass wir uns etwas Gutes tun, wenn wir im Winter Südfrüchte verzehren!

Dörrobst

Mit Dörrobst kann man seinen Vitaminbedarf gerade in der kalten Jahreszeit gut abdecken. Dörrobst eignet sich auch hervorragend für die Herstellung von selbstgemachtem Müsli, als gesunder, leichter Snack für zwischendurch oder für die Herstellung von Gemüsesuppen.

Obst- und Gemüsesorten, die sich besonders gut zum Dörren eignen, sind:
Äpfel, Birnen, Kirschen, Trauben, Zwetschken; Karotten, Lauch, Sellerie, Tomaten, Zucchini

Wie dörrt man Obst und Gemüse?
Im Backrohr: Man schaltet man das Backrohr auf 70 °C und legt das Dörrgut locker auf ein mit Backpapier belegtes Blech. Je nach Dicke und Konsistenz der Früchte bzw. des Obstes dauert der Dörrvorgang 6 bis 20 Stunden.
Im Dörrapparat: Noch einfacher funktioniert das Dörren von Obst und Gemüse in einem Dörrapparat. Es gibt unterschiedliche Modelle, denen meist sehr genaue und gut beschriebene Tabellen und Rezepte beiliegen. Die Anschaffung eines solchen Geräts lohnt sich aber eigentlich nur bei sehr hohem Bedarf an Dörrgut. Überlegenswert ist in diesem Zusammenhang sicher, sich mit Nachbarn oder Freunden zusammenzutun und gemeinsam einen Dörrapparat zu kaufen.

Die Lagerung des Dörrobstes bzw. -gemüses erfolgt in Gläsern mit Schraubverschluss oder in Plastikdosen, wobei Gläser feiner sind, da man sieht, welches Dörrgut sich darin befindet, und das Beschriften entfällt.

„Dörrobst ist gut für die Verdauung.“

Kräuter, Gewürze und Wildpflanzen

Kräuter, Gewürze und Wildpflanzen sind für das Abnehmen von enormer Wichtigkeit. Viele Kräuter haben eine ausgesprochen positive Wirkung auf die Verdauung und man sollte sich diese zu Nutze machen.

Basilikum
Inhaltsstoffe: ätherische Öle, Antioxidantien
Wirkung: stärkt die Seele, beruhigend, krampflösend

Dill
Inhaltsstoffe: ätherische Öle, Gerbsäure
Wirkung: beruhigend und verdauungsfördernd

Fenchelsamen
Inhaltsstoffe: ätherische Öle, Antioxidantien, Flavonoide
Wirkung: krampflösend, verdauungsfördernd

Knoblauch
Inhaltsstoffe: ätherische Öle, Jod, Vitamine A, B und C
Wirkung: antibakteriell und durchblutungsfördernd

Koriander
Inhaltsstoffe: ätherische Öle
Wirkung: krampflösend und antibakteriell

Kümmel
Inhaltsstoffe: ätherische Öle, Flavonoide
Wirkung: krampflösend und verdauungsfördernd

Lorbeer
Inhaltsstoffe: ätherische Öle, Bitterstoffe
Wirkung: entzündungshemmend, durchblutungsfördernd

Majoran
Inhaltsstoffe: Bitterstoffe, Gerbstoffe, ätherische Öle
Wirkung: antibakteriell, krampf- und schleimlösend

Oregano
Inhaltsstoffe: ätherische Öle, Flavonoide, Gerb- und Bitterstoffe
Wirkung: krampflösend, antiseptisch

Petersilie
Inhaltsstoffe: ätherische Öle, Vitamine A, C und B, Kalzium und Kalium
Wirkung: verdauungsanregend, blutreinigend

Pfeffer
Inhaltsstoffe: ätherische Öle
Wirkung: durchblutungsfördernd, wärmend, entzündungshemmend

Rosmarin
Inhaltsstoffe: ätherische Öle, Gerbstoffe, Flavonoide, Bitterstoffe
Wirkung: verdauungsanregend, durchblutungsfördernd, antiseptisch

Schnittlauch
Inhaltsstoffe: ätherische Öle, Vitamin A und C
Wirkung: verdauungsfördernd, bakterienhemmend

Wenn Sie sich intensiver mit Kräutern, Gewürzen und Wildpflanzen beschäftigen möchten, dann gibt es dazu eine Reihe von interessanten Büchern, wie z.B. „*Gertrude Messners Kräuterhandbuch*", „*Gesund durchs Jahr mit der Kräuterbäuerin*", ebenfalls von Gertrude Messner, sowie „*So schmecken Wildpflanzen*" von Meinrad Neunkirchner und Katharina Seiser, alle im Löwenzahn Verlag erschienen.

Seien Sie willkommen in der Welt der Kräuter, Gewürze und Wildpflanzen!

Beilagen

Kartoffeln

Kartoffeln sind eine sehr natürliche Beilage, die aufgrund ihrer wertvollen Inhaltsstoffe in der gesunden Ernährung nicht fehlen sollen. 100 g Kartoffeln haben 70 Kalorien (zum Vergleich: 100 g Nudeln haben 350 Kalorien).
Kartoffeln enthalten viele Kohlehydrate, aber auch wichtige Vitamine, wie Vitamin C. Der Sättigungsgrad der Kartoffeln ist hoch, besonders, wenn man sie mit Milch oder Milchprodukten kombiniert. „Schelfeler" oder „Erdäpfel samt der Montur"; also Kartoffeln, die man samt der Schale kocht und so zu Tisch bringt, schmecken nicht nur ausgezeichnet (besonders Frühkartoffeln!), Sie haben damit auch eine vollwertige Mahlzeit: etwas Salz und Butter darauf, nach Bedarf schälen und einen Topfen- oder Joghurtaufstrich, evtl. auch Käse dazu servieren.
Es gibt hunderte (weltweit rund 5.000) Kartoffelsorten, von denen sich einige, wie z.B. Sieglinde, unter anderem aufgrund der guten Lagerfähigkeit durchgesetzt haben.
Für den Handel wurde eine stark vereinfachte Einteilung der Kartoffeln nach ihren Kocheigenschaften gemacht. Man erhält festkochende, vorwiegend festkochende und – leider immer seltener – mehlige Kartoffeln. Festkochende Kartoffeln verwendet man für Kartoffelsalat, Folienkartoffeln, Kartoffelgröstel, Bratkartoffeln, Kartoffelpuffer; für Püree, Kartoffelteig oder Kartoffellaibchen werden vorzugsweise mehlige Kartoffeln verwendet.

Verführerisch ist es gerade bei Kartoffeln, zu Halbfertigprodukten zu greifen. Das geschieht meist aus Zeitmangel, dabei lassen sich die Kartoffeln sehr gut vorbereiten, das heißt, man kocht die Kartoffeln, z.B. für Salat, am Vortag während des Zubereitens der Mahlzeit, stellt sie bis zum nächsten Tag kühl und kann sie dann gut weiterverarbeiten.

Nudeln

Ich kenne wenige Lebensmittel, bei denen sich die Geister so scheiden wie bei Nudeln. Einerseits werden sie angepriesen als schlankmachendes Nahrungsmittel, von dem man in Hülle und Fülle essen kann, andererseits werden Nudeln als Dickmacher verteufelt. Möchten Sie wissen, wie ich darüber denke? Genau: Man soll es für sich selbst ausprobieren. Der Eine kann Nudeln sehr gut verdauen, der Andere nimmt aber tatsächlich zu, wenn er Nudeln z.B. in Kombination mit Fleisch und Gemüse isst.

Bei Nudeln ist es auch gar nicht zu schwer zu erkennen, ob sie einem guttun. Wer Nudeln schlecht verträgt, der hat eigentlich gleich nach dem Essen ein unangenehmes Völlegefühl.

Reis

Reis gehört neben Kartoffeln und Nudeln zu den beliebtesten Beilagen. „Herkömmlicher" Reis wird aus der Reispflanze gewonnen und ist ein Getreide. Im Handel gibt es eine unglaubliche Auswahl an Reissorten, unterschiedlich in der Vorverarbeitung, von parboiled bis aromatisiert. Ich hatte immer Probleme damit, dass ich zwar natürlich und regional bevorzuge, bei Reis aber dann doch gezwungen war, auf importierte Produkte zurückzugreifen.
Umso mehr freute es mich, als ich im Handel den Waldviertler Reis entdeckte. Noch mehr überraschte mich die Fülle an Sorten, die ich dank Helma Hamader entdecken durfte. Ich hatte endlich einen Reis, die dem hohen Qualitätsanspruch von natürlich, regional und schmackhaft entsprach, gefunden.

Sie fragen sich jetzt vielleicht: Warum habe ich nicht früher davon gehört? Meine Antwort werden Sie sich schon denken können: Weil diese Produkte nicht in der Werbung vorkommen.

Der Genuss dieser heimischen, sanft bearbeiteten Getreidereissorten wird Ihnen auf dem Weg zu einer Ernährung, mit der Sie Ihr Wohlfühlgewicht erreichen, helfen. Daher möchte ich Ihnen eine kurze Einführung in die wunderbare, schmackhafte Welt von heimischen Reissorten geben:

- Einkornreis – hat einen feinen nussigen Geschmack und gilt als feinstes Getreide Europas
- Emmerreis – eignet sich hervorragend für die Zubereitung von Risotto
- Dinkelreis – hat die typisch positiven Auswirkungen des Dinkels, z.B. gilt er als stimmungsstabilisierend
- Nacktgerstenreis – Beta-Glucane haben eine regulierende Wirkung auf den Blutzuckerhaushalt
- Waldstaudekornreis – Waldstaudekorn ist eine Form des Roggens

Diese Reissorten erhalten Sie zunehmend auch in gut sortierten Lebensmittelmärkten. Dazu gibt es auch ein empfehlenswertes Buch: „*Das neue Getreidekochbuch*" von Helma Hamader und Johann Reisinger.

Getreide

Einen wesentlichen Teil in der Ernährung nehmen Getreideprodukte ein, auch hier lohnt es sich hinzuschauen, zu welchen Produkten man bevorzugt greift. Ich persönlich wechsle sehr gerne die Getreidesorten, aber ich kenne auch viele Menschen, die lieber nur auf ein oder zwei Sorten zurückgreifen.
Getreide eignet sich hervorragend für die Zubereitung von Getreidelaibchen, aber auch für Spaghettisaucen, wenn man weniger Fleisch verwenden möchte.
Getreideprodukte haben einen sehr hohen Nährwert, können allerdings auch mitunter „schwer" im Magen liegen.

Kleine Getreidekunde

Hier eine Beschreibung der gängigsten heimischen Getreidesorten (siehe aber auch im Kapitel *Beilagen* die Ausführungen zu Reis und Nudeln):

Dinkelweizen

Dinkelweizen ist die Ursprungsform des Weizens, mit einem sehr hohen Anteil an Aminosäuren und Kieselsäure. Er kann durch Züchtung und Düngung nicht höher kultiviert werden und ist daher für intensiven Anbau ungeeignet.
Dinkelweizen löst bei mir ein gutes Gefühl im Körper aus, er tut mir einfach sehr gut.

Weizen

Einige Inhaltsstoffe des Weizens sind Kalium, Phosphor, Kieselsäure und Magnesium sowie B-Vitamine.
Beim Weizenanbau hat sich dank einiger innovativer Landwirte eine Rennaisance alter Getreidesorten entwickelt, die man in vielen Geschäften erhält. Sind zwar preislich etwas höher angesetzt, aber der intensive Geschmack relativiert diesen Preis.

Roggen

Während manche Roggen als schwer verdaulich bezeichnen, schwören einzelne Heilpraktiker auf die Heilkraft von Roggen bei entzündlichen Darmerkrankungen. Da sieht man einfach auch wieder, dass es oft sehr schwierig ist, die richtigen Schlüsse für die eigene Ernährung zu ziehen.
Roggen enthält unter anderem Kalium, Fluor, Kieselsäure und Eisen sowie B-Vitamine.
Roggen wird bis auf einige wenige Speisen (z.B. Fleischkrapfen) eher zum Brotbacken verwendet.

Hafer

Hafer ist ein beliebtes Getreide für Frühstücksflocken und hilft, morgens kraftvoll in den Tag zu starten, besonders während der kühleren Jahreszeit. Wenn Sie sich die Flocken selbst herstellen möchten, benötigen Sie dazu eine Flockenquetsche.
Hafer kann eine positive Wirkung auf Herz- und Gefäßerkrankun-

gen haben, er enthält unter anderem B-Vitamine, Folsäure und Kieselsäure.
Haferflocken eignen sich auch gut zum Rösten (über den Salat streuen).

Gerste

Gerste ist aus unserer Ernährung so gut wie verschwunden. Kann sein, dass das aufwändigere Reinigungsverfahren, wenn man Gerste für den menschlichen Verzehr aufbereitet, eine Rolle spielt, kann aber auch sein, dass der hohe Bedarf an Gerste für Viehfutter eine Rolle spielt.
Dabei hat Gerste viele wertvolle Inhaltsstoffe, wie Kalium, Magnesium, Phosphor, B-Vitamine und essentielle Aminosäuren.
Malzkaffee, aus Gerste hergestellt, stärkt Mütter, die ihre Babys stillen.

Brot

Die Qualitätsunterschiede bei Brot sind enorm und es ist oft schwer ersichtlich, welche Zutaten zum Backen verwendet wurden. Unsere Tochter hat bei einem ausgezeichneten regionalen Bäcker und Konditor ihre Lehre absolviert und da wurde sehr viel Wert auf die Verarbeitung hochwertiger Zutaten gelegt. Es lohnt sich also, genau hinzuschauen und sich einen Bäcker des Vertrauens zu suchen. Ich war früher sehr kritisch, was gekauftes Brot betrifft, aber auch hier hat sich sehr vieles zum Guten gewendet. Immer mehr regionale Bäckereien legen Wert auf hochwertige Zutaten.

Brot selber backen

Mit guten Rezepten ist es aber auch ganz einfach, sein Brot selber zu backen. Grundvoraussetzung für das Selberbacken ist, mit Getreide von hoher Qualität zu arbeiten, auch den Kauf einer Getreidemühle sollte man in Erwägung ziehen.
Brot ist überhaupt nicht aufwändig in der Herstellung und Sie werden merken, wenn Sie sich Ihr eigenes Brot backen, wie Ihre Wertschätzung dem Lebensmittel Brot gegenüber steigt. Sie können Ihre eigene Mehlmischung zusammenstellen, Körner nach Belieben untermischen und beim Brotgewürz jene Zutaten nehmen, die Ihnen am besten schmecken. Meine Freundin, Roswitha Huber, die die Schule am Berg in Rauris führt, hat sich dem Brotbacken mit Leidenschaft verschrieben. Durch sie hat Brot in unserer Gegend und weit darüber hinaus eine neue Wertschätzung erfahren.

Welches Getreide verwenden?

Ich bevorzuge beim Backen eine Mischung aus Roggen und (Dinkel-)Weizen, gemischt mit Sonnenblumen-, Kürbiskernkörnern, Sesam und Leinsamen. Manche schwören darauf, Brot nur aus einer Mehlsorte zu backen, weil das für den Körper verträglicher ist.

Vollkorn- oder Auszugsmehl?

Wer sich die Zeit nimmt, sein Brot selbst zu backen, wird eigentlich wie von selbst Vollkornmehl verwenden. Natürlich ist Vollkornmehl zu bevorzugen, da sind alle Studien eindeutig. Während Vollkornmehl gerade bei in Fett gebackenen Speisen ein Problem ist, weil es sich zu sehr mit Fett „ansäuft", schmeckt Brot und Gebäck, das aus Vollkornmehl hergestellt ist, hervorragend. Brote mit einem hohen Fettanteil, wie z.B. Milchbrot, sollte man eher aus ausgemahlenem Mehl herstellen.
Es spricht eben auch nichts dagegen, zur Abwechslung einmal auch Weißbrot aus ausgemahlenem Mehl zu genießen.

Germ oder Sauerteig?

Für Brote mit Roggenmehl sollte man auf jeden Fall Sauerteig verwenden, bei Roggen-Mischbroten verwendet man Sauerteig und Germ. Sauerteig kann man in Drogeriemärkten oder Reformhäusern fertig kaufen. Wenn man öfters Brot bäckt, behält man von dem fertigen Teig pro kg Mehl 100 g Teig zurück, den man in einem verschlossenen Plastikgefäß gehen lässt. Braucht man den Teig nicht gleich, kann man ihn auch einfrieren.

Flüssigkeitsmenge

Die Menge der angegebenen Flüssigkeit ist grundsätzlich ein Richtwert, da es einen enormen Unterschied macht, ob man ausschließlich frisch gemahlenes Vollkornmehl oder ausgemahlenes Mehl verwendet. Es ist besser zu Beginn etwas mehr Flüssigkeit zu verwenden und dann noch Mehl einkneten, als einem zu harten Teig Flüssigkeit nachträglich einkneten.
Man kann sich auch den Teig für den Vorgang des Aufgehens weicher anrichten und dann erst zusätzlich noch Mehl einkneten, dadurch geht der Teig besonders schön auf.

Buttermilch, Joghurt und Topfen

Möchte man einen säuerlichen Geschmack auch bei Broten ohne Roggenanteil, so kann man sich gut damit behelfen, wenn man z.B.

1/4–1/2 der Wassermenge durch Buttermilch, Joghurt oder Topfen ersetzt. Durch die enthaltenen Milchsäurebakterien wird das Brot sehr locker. Auch Molke lässt sich gut verwenden, besonders Topfenmolke.

Salz

Die Salzmenge beim Brotbacken sollte man genau dosieren, zu leicht kann es passieren, dass man zu wenig oder zu viel Salz erwischt. Als Faustregel gilt: pro 200 g Mehl 1 TL Salz.

Brotbacken im Heißluftbackofen

Wer nur einen Heißluftbackofen zur Verfügung hat, dem gelingt das Brot genauso gut, wenn er das Brot außen mit warmem Kaffee bestreicht. Zu Beginn der Backzeit sollte man mit einem Wassersprüher warmes Wasser ins Rohr spritzen, damit die Brotrinde außen weich bleibt und sich die Poren nicht sofort verschließen. Nur so kann die Flüssigkeit aus dem Inneren des Brotes entweichen und das Brot wird auch im Kern schön durchgebacken.

Backtemperatur

Ich heize beim Brotbacken das Rohr auf 230 °C vor, schiebe das gut gegangene Brot hinein und schalte gleich auf 190 °C zurück. Je nach Größe des Brotes dauert das Backen dann 45–60 Minuten. Besonders ältere Backöfen sind nicht 100%ig zuverlässig, was die Temperatur angeht, das kann z.B. durch undichte Gummis entstehen. Da hilft nur eines: mit kleinen Mengen ausprobieren, welche Temperatur ideal ist, und sich die Temperatur zu notieren. Backöfen, die unterschiedlich bräunen, deren Heizspirale nicht mehr so richtig funktioniert, sollten ausgewechselt werden. Es macht einfach keine Freude, wenn die Qualität nicht passt.

Garprobe

Um festzustellen, ob das Brot gut durchgebacken ist, nehmen Sie einen Laib kurz aus dem Ofen und klopfen an die Unterseite. Wenn es hohl klingt, ist das Brot fertig.

Und nun lassen Sie uns gleich praktisch in die jahreszeitliche Ernährung einsteigen. Nämlich mit einigen guten, erprobten Brotrezepten fürs ganze Jahr:

Milchbrot

500 g Weizenmehl
100 g Butter
250 ml Milch
1/2 Pkg. Germ (20 g)
1 Prise Salz
2 EL Zucker
1 Ei zum Bestreichen

- Mehl mit Salz und Zucker vermischen
- Butter in einem Topf erwärmen
- mit Milch aufgießen und verrühren, Germ dazurühren
- Milchmischung ins Mehl einkneten
- Teig zugedeckt 1 Stunde gehen lassen (bis sich sein Volumen verdoppelt hat)
- Teig in 3 Stücke teilen
- jedes Teigstück zu einem Ballerl schleifen und anschließend zu einer Rolle drehen
- die 3 Teigstränge nebeneinander hinlegen und zu einem Zopf flechten
- mit verquirltem Ei bestreichen
- 20 Minuten gehen lassen
- 10 Minuten bei 160 °C backen
- auf 180 °C weitere 30 Minuten backen

Tipp: *Sie können den Teig auch in 5 Stücke teilen und 5 kleine Milchbrötchen daraus flechten.*

Roggenmischbrot

500 g frisch gemahlener Roggen
500 g frisch gemahlener Weizen
50 g Sonnenblumenkerne
50 g Kürbiskerne
25 g Sesam
25 g Leinsamen
1 Pkg. Germ (42 g)
50 g Sauerteig
5 TL Salz
Brotgewürz
600 ml Wasser
nach Wunsch Körner zum Bestreuen

- Roggen, Weizen, Körner, Salz und Brotgewürz vermischen
- Wasser mit Germ verrühren und mit dem Sauerteig unter das Mehl kneten
- Teig gut durchkneten und in eine Schüssel geben, zudecken
- je nachdem, wie schnell man das Brot weiterverarbeiten möchte, wärmer oder kühler gehen lassen
- Brotteig in drei Stücke teilen und zu Brotlaiben formen
- auf ein befettetes, bemehltes Backblech setzen
- mit Kaffee bestreichen und evtl. mit Körnern bestreuen
- nochmals 20 Minuten gehen lassen
- inzwischen Backrohr auf 230 °C vorheizen
- Brot hineinschieben
- mit dem Wassersprüher kräftig hineinsprühen
- Backrohr auf 190 °C zurückschalten
- ca. 45–60 Minuten backen
- nach dem Herausnehmen Brot umdrehen, damit der Dampf entweichen kann und das Brot an der Unterseite schön knusprig wird

Tipp: *Dieser Grundteig lässt sich beliebig abändern, indem man die Zusammensetzung der Mehlmischung oder die Sorte der Körner verändert.*

Dinkelbrot

1 kg Dinkelvollkornmehl
42 g Germ
5 TL Salz
300 ml Buttermilch
300 ml Wasser
Brotgewürz

- Dinkelvollkornmehl, Salz und Brotgewürz vermischen
- Buttermilch und Wasser mit Germ verrühren und einarbeiten (der Teig sollte eher weich sein)
- 45 Minuten gehen lassen
- 2 Kastenformen befetten und bemehlen
- Teig in zwei Stücke teilen und in die Formen drücken
- Backrohr auf 230 °C vorheizen
- Brotformen hineingeben
- mit dem Wassersprüher kräftig hineinsprühen
- Backrohr auf 190 °C zurückschalten
- ca. 45 Minuten backen

Walnussbrot

500 g Weizenmehl
500 g Roggen-vollkornmehl
42 g Germ
50 g Sauerteig
5 TL Salz
125 g gehackte Walnüsse
50 g gehackte Rosinen
500 ml Wasser

- Mehl mit Salz, Walnüssen und Rosinen vermischen
- Wasser mit Germ verrühren und mit Sauerteig zum Mehl kneten
- Teig in zwei Stücke teilen und Brotlaibe formen
- mit warmem Wasser bestreichen
- Brotlaibe auf ein befettetes, bemehltes Blech setzen
- 20 Minuten gehen lassen
- Backrohr auf 230 °C vorheizen
- Brotlaibe einschieben und mit dem Wassersprüher kräftig ins Rohr sprühen
- auf 190 °C zurückschalten
- ca. 45 Minuten backen

Sechskornstangen

500 g Sechskorn-
mischung
1/2 Pkg. Germ
20 g Sauerteig
2,5 TL Salz
Brotgewürz
125 ml Joghurt
150 ml Wasser
Kaffee zum Bestreichen

- Sechskornmischung in der Getreidemühle mahlen
- Salz und Brotgewürz dazugeben
- mit Sauerteig, Joghurt und Wasser, das man mit Germ vermischt, zu einem Teig abarbeiten
- zugedeckt 1 Stunde gehen lassen
- Teig in 3 Stücke teilen
- jedes Teigstück zu einem Ballerl schleifen und anschließend zu einer Rolle formen
- in Abständen von 5 cm scharf einschneiden
- mit Kaffee bestreichen
- Stangen auf ein befettetes, bemehltes Blech setzen
- 20 Minuten gehen lassen
- Backrohr auf 230 °C vorheizen
- Blech einschieben und mit dem Wassersprüher kräftig ins Rohr sprühen
- Backrohr auf 190 °C zurückschalten
- ca. 25–30 Minuten backen

Gerlindes Weißbrot

Für den Vorteig:
5 g frischer Germ
350 g Weizenmehl
250 ml Wasser

Für den Hauptteig:
10 g frischer Germ
5 EL Milch
250 ml Wasser
2 EL Olivenöl
20 g Salz
550 g Weizenmehl
1 Ei zum Bestreichen

- für den Vorteig Germ, Weizenmehl und das handwarme Wasser am Vortag gründlich verrühren
- am nächsten Tag für den Hauptteig Germ in der lauwarmen Milch auflösen
- 10 Minuten gehen lassen
- mit lauwarmem Wasser, Olivenöl und dem Vorteig verrühren
- Salz und Weizenmehl unterkneten
- 2–3 Minuten kräftig kneten, einölen
- abgedeckt ca. 1,5 Stunden bei Zimmertemperatur gehen lassen
- den Teig halbieren und 2 Weißbrote formen oder vierteln und zu Ciabatta formen (schmal und länglich)
- zugedeckt ca. 1/2 bis 1 Stunde gehen lassen
- dann mit verquirltem Ei einpinseln
- Oberfläche schräg mit einem scharfen Messer einschneiden
- ca. 35 Minuten im vorgeheizten Rohr (220 °C) backen, nach einer Viertelstunde auf 200 °C zurückschalten
- zum Schluss das Brot noch bei ausgeschaltenem Backofen 10 Minuten nachbacken
- Ciabatta entsprechend kürzer backen
- auf einem Gitter auskühlen lassen

Tipp: *Schmeckt auch noch nach ein paar Tagen gut!*

Alle angeführten Teige kann man auch gut für Kleingebäck verwenden.

Rezepte Frühling

Frühstück im Frühling

Im Frühling kann man sich bereits zum Frühstück einen Saft aus frischen Brennnessel- und Löwenzahnblättern (je 1 Handvoll) zubereiten, den man mit dem Saft von 3 Karotten mischt und mit 1/2 l Buttermilch aufmixt. Ein wertvoller Energiedrink, um so richtig fit in den Frühling zu starten.
Ein Frühstück aus Vollkornbrot mit Schinken und Käse gibt Kraft für den Tag.

Frühlingsmüsli

250 ml Joghurt
1 Apfel
1 EL Nüsse
1 EL Haferflocken
1 TL geschrotete Leinsamen
1 EL Trockenfrüchte
1 TL Honig
etwas gemahlener Ingwer

- Haferflocken, Leinsamen und Trockenfrüchte mit Joghurt vermischen, quellen lassen
- Apfel entkernen und in kleine Stücke schneiden, mit Honig marinieren
- alle Zutaten zusammenmischen

Tipp: *Anstelle von Haferflocken können Sie auch Dinkel- oder Weizenflocken verwenden.*

Die besten Tees für den Frühling

Im Frühling bieten Tees genau das, was unser Körper nach dem eher üppigen Essen und der oft mangelnden Bewegung im Winter braucht. Die gefürchtete Frühjahrsmüdigkeit kann durch die Unterstützung einer entschlackenden Frühjahrskur mit Tees aus Brennnessel und Löwenzahn in eine schaffensfrohe und bewegungsfreudige Zeit umgewandelt werden, so wie es ja eigentlich von Natur aus vorgesehen ist. Frühlingstees sind daher zumeist stoffwechselanregend, entschlackend und verdauungsfördernd.

- Gänseblümchentee
- Veilchentee
- Löwenzahntee
- Brennnesseltee
- Birkenblättertee
- Zitronenmelissentee
- Melissentee

Neutraler Tee im Frühling: Apfelschalentee

Leichte Suppen

Frühlingssuppe

1 Handvoll Brennnesselspitzen
junge Löwenzahnblätter
Sauerampfer
750 ml Suppe
Salz und Pfeffer
2 EL Sauerrahm
50 g Knödelbrot
1 EL Butter

- Brennnesselspitzen, Löwenzahn und Sauerampfer klein hacken
- mit Suppe dünsten und pürieren
- Sauerrahm einrühren, salzen und pfeffern
- Butter in einer Pfanne erhitzen und Knödelbrot darin rösten
- Suppe mit geröstetem Knödelbrot servieren

Spargelcremesuppe

500 g Spargel
750 ml Suppe
125 ml Schlagobers
Salz und Pfeffer
Schnittlauch

- Spargel schälen in Stücke schneiden
- zuerst die dickeren Stücke in Suppe dünsten
- Spargelspitzen extra einige Minuten dünsten
- Suppe pürieren und passieren
- Schlagobers in die Suppe einrühren, salzen und pfeffern
- Suppe anrichten, Spargelspitzen dazugeben und mit Schnittlauchröllchen bestreuen

Zwiebel-Chicorée-Suppe

1/2 Zwiebel
3 Chicorée
2 Knoblauchzehen
750 ml Suppe
Salz und Pfeffer
Schnittlauch
1 TL Butter

- Chicorée putzen, waschen und nudelig schneiden
- Zwiebel und Knoblauch schälen und hacken
- Butter in einer Pfanne erhitzen
- Zwiebel und Knoblauch darin rösten, Chicorée dazugeben
- mit Suppe aufgießen, salzen und pfeffern
- vor dem Servieren mit gehacktem Schnittlauch bestreuen

Cremige Spinatsuppe

500 g Blattspinat
2 große Kartoffeln
750 ml Suppe
2 EL Crème fraîche
Salz und Pfeffer

- Kartoffeln schälen und in kleine Würfel schneiden
- Kartoffelwürfel in der Suppe weichdünsten
- Blattspinat putzen, waschen und fein hacken
- ebenfalls zur Suppe geben und mitdünsten
- salzen und pfeffern
- Suppe pürieren und Crème fraîche einrühren

Schottsuppe

200 g Schotten
750 ml Suppe
Kümmel
2 EL Schlagobers
Salz und Pfeffer
2 Scheiben Schwarzbrot

- Suppe mit Kümmel aufkochen
- Schotten und Schlagobers einrühren
- inzwischen Schwarzbrot in kleine Würfel schneiden
- Schwarzbrot auf dem Tellerboden verteilen
- Suppe darübergießen, etwas ziehen lassen

Tipp: *Schottsuppe ist eine sehr traditionelle Speise.*

Brunnenkressesuppe

125 g Brunnenkresse
750 ml Gemüsesuppe
2 EL Sauerrahm
Salz und Pfeffer

- Brunnenkresse verlesen und waschen
- Brunnenkresse etwas klein schneiden und mit der Suppe dünsten
- mit dem Pürierstab pürieren
- Sauerrahm einrühren
- salzen und pfeffern

Bärlauchsuppe

125 g Bärlauch
750 ml Suppe
2 EL Crème fraîche
Salz und Pfeffer

- Bärlauch hacken
- mit Suppe dünsten
- Crème fraîche einrühren
- salzen und pfeffern

Kraftsuppe

80 g Hirse
750 ml Suppe
2 Frühlingszwiebeln
2 Karotten
1/2 Sellerie
Salz und Pfeffer
1 TL Butter

- Karotten und Sellerie schälen und in kleine Würfel schneiden
- Frühlingszwiebeln putzen und in Ringe schneiden
- Butter in einem Topf erhitzen
- Gemüse und Hirse rösten
- mit Suppe aufgießen und weichdünsten
- salzen und pfeffern

Grießsuppe

50 g Grieß
750 ml Suppe
1 TL Butter
1/2 Zwiebel
1 Karotte
1 Ei

- Zwiebel und Karotte schälen
- Zwiebel hacken und Karotte in kleine Scheiben schneiden
- Butter in einem Topf erhitzen
- Zwiebel und Karotte anrösten
- Grieß einrühren und unter Rühren kurz mitrösten
- mit Suppe aufgießen
- ca. 15 Minuten dünsten
- Ei verquirlen und in die Suppe einrühren

Heurigensuppe

500 g heurige Kartoffeln
1/2 Zwiebel
4 Knoblauchzehen
750 ml Suppe
Kümmel
Lorbeer
Thymian
Basilikum
1 TL Paprikapulver
1 EL Öl
Salz und Pfeffer

- Kartoffeln, Zwiebel und Knoblauchzehen schälen
- Kartoffeln in Würfel schneiden
- Zwiebel und Knoblauch hacken
- Öl in einem Topf erhitzen
- Zwiebel, Knoblauch und Kartoffeln darin rösten
- Paprikapulver einstreuen und kurz miträsten
- mit Suppe aufgießen
- Kümmel, Lorbeer, Thymian, Basilikum, Salz und Pfeffer dazugeben
- dünsten, bis die Kartoffeln gar sind

Tipp: *Heurigensuppe hat eher eine wärmende Wirkung auf den Körper, man sollte sie an kühleren Tagen einplanen.*

Hühnersuppe

200 g Hühnerfleisch
750 ml Wasser
1 Karotte
1/2 Sellerie
Petersilienwurzel
400 g Suppennudeln
Salz und Pfeffer

- Karotte, Sellerie und Petersilienwurzel putzen und klein schneiden, mit Hühnerfleisch in einen Topf geben
- mit Wasser aufgießen
- salzen und pfeffern
- Fleisch gardünsten
- inzwischen Suppennudeln kochen
- Hühnerfleisch klein schneiden
- Suppennudeln und Hühnerfleisch zur Suppe geben

Kalte Rhabarbersuppe mit Zwieback

500 g Rhabarber
75 g Zucker
750 ml Wasser
Zimt
1 Pkg. Vanillezucker
4 Scheiben Zwieback
1 TL Maizena

- Rhabarber schälen und in kleine Stücke schneiden
- mit Wasser, Zucker, Zimt und Vanillezucker zum Kochen bringen
- Rhabarber gardünsten
- Maizena mit etwas Wasser anrühren und in die Rhabarbersuppe einrühren
- Suppe kalt stellen
- Zwieback schneiden und über die Suppe verteilen

Tipp: *Diese Suppe eignet sich besonders für die oft schon sehr warmen Spätfrühlingstage.*

Süße Erdbeersuppe mit Rahm

500 g Erdbeeren
125 ml Schlagobers
500 ml Wasser
Zucker nach Belieben (je nach Süße der Früchte)

- Erdbeeren, Schlagobers, Wasser und Zucker zusammenmischen
- kräftig durchmixen

Tipp: *Die kalte Erdbeersuppe sollte man an Tagen genießen, an denen man nicht zu sehr gefordert ist.*

Bärlauchknödel

200 g Knödelbrot
100 ml Milch
2 Eier
100 g Bärlauch
1/2 Zwiebel
50 g Speckwürfel
Salz

- Milch etwas erwärmen und mit Eiern verquirlen, salzen
- Bärlauch verlesen, waschen und fein hacken
- Zwiebel schälen und hacken
- Speckwürfel in einer Pfanne erhitzen
- Zwiebel mit den Speckwürfeln rösten
- Knödelbrot mit allen Zutaten gut abkneten, Knödel formen
- in kochendes Salzwasser einlegen und je nach Größe der Knödel ca. 15 Minuten ziehen lassen

Tipp: *Anstatt Bärlauch können Sie auch junge Brennnesselspitzen verwenden.*

Bärlauchstrudel

1 Pkg. Blätterteig
2 Handvoll Bärlauch
200 g Schafskäse
1 Ei zum Bestreichen
Fett und Mehl fürs Blech

- Bärlauch verlesen, waschen und fein hacken
- Schafskäse zerbröckeln und mit dem Bärlauch vermengen
- Blätterteig ausrollen
- Fülle darauf verteilen, Strudel einrollen
- mit verquirltem Ei bestreichen
- Blech befetten und bemehlen
- Strudel auf das Blech geben
- bei 200 °C 30 Minuten backen

Bärlauchspätzle

250 g Mehl
2 Eier
2 Handvoll Bärlauch
ca. 150 ml Milch
Salz
Butter

- Bärlauch verlesen und waschen
- Bärlauch im Mixer kurz pürieren, Milch und Eier dazumischen und verrühren
- Mehl nach und nach dazugeben, bis ein geschmeidiger Nockerlteig entsteht
- Salzwasser zum Kochen bringen
- Spätzleteig durch das Sieb drücken
- ca. 10 Minuten ziehen lassen
- anschließend abschrecken

Kartoffelgröstel mit Frühlingszwiebeln

750 g Kartoffeln
2 Karotten
4 Frühlingszwiebeln
2 Knoblauchzehen
1/2 TL Paprikapulver
Kümmel
Salz und Pfeffer
1 EL Öl

- Kartoffeln schälen und in Scheiben schneiden
- Kartoffelscheiben gut abtrocknen
- Knoblauch schälen und hacken
- Frühlingszwiebeln putzen und in Ringe schneiden
- Öl in einer Pfanne erhitzen
- Kartoffeln kross anbraten
- Knoblauch und Frühlingszwiebeln dazugeben
- mit Paprikapulver, Kümmel, Salz und Pfeffer würzen und nochmals gut braten

Salat mit frischer Brunnenkresse und geröstetem Speck

1 Kopfsalat
1 Handvoll Brunnenkresse
100 g Speckwürfel
Essig und Öl
Salz

- Kopfsalat und Brunnenkresse putzen und waschen
- Speckwürfel anbraten
- alle Zutaten zusammenmischen und mit Essig, Öl und Salz abschmecken

Blattspinat auf Lachs

4 Lachsfilets
1 kg frischer Blattspinat
Salz und Pfeffer
3 Knoblauchzehen
1 TL Butter
250 ml Crème fraîche
125 ml Schlagobers
Fett für die Auflaufform

- Blattspinat putzen, waschen und die dicken Stängel entfernen
- Knoblauch schälen und hacken
- Butter in einem Topf erhitzen
- Knoblauch darin rösten
- Spinat dazugeben, etwas Wasser angießen
- Spinat dünsten
- Crème fraîche mit Schlagobers gut verrühren, salzen
- die Creme mit dem gedünsteten Spinat abrühren
- Auflaufform befetten
- Lachsfilets hineinlegen
- Spinat darauf verteilen
- 30 Minuten bei 180 °C backen

Spinatstrudel

Für den Strudelteig:
150 g Mehl
120 ml Wasser
1 EL Öl
Salz

Für die Fülle:
1 kg Blattspinat
250 ml Sauerrahm
100 g Schafskäse
1 Ei zum Bestreichen

- Mehl mit Wasser, Salz und Öl glatt abrühren
- Teig zu einer Kugel formen, mit etwas Öl bestreichen und zugedeckt 1/2 Stunde quellen lassen
- Blattspinat verlesen und waschen
- Schafskäse in kleine Würfel schneiden
- Blattspinat hacken und kurz dünsten
- die Zutaten vermischen
- Strudelteig ausrollen und dünn ausziehen
- Fülle auf dem Teig verteilen und zu einem Strudel einrollen
- Strudel mit verquirltem Ei bestreichen
- bei 180 °C 30 Minuten backen

Steak mit Vogerlsalat

4 Steaks
Salz und Pfeffer
1 EL Öl
Vogerlsalat
Balsamicoessig
Olivenöl
Salz und Pfeffer

- Steaks salzen und pfeffern
- Öl in einer Pfanne erhitzen
- Steaks beidseitig scharf anbraten und weiterbraten bis zur gewünschten Garstufe
- Vogerlsalat marinieren und salzen
- Steaks auf Tellern anrichten und Vogerlsalat darauf verteilen

Tipp: *Eine sehr leichte und doch kraftspendende Mahlzeit!*

Bibis Spargel

12 Stangen Spargel
4 große Schinkenscheiben
Öl
Brunnenkresse zum Garnieren

- Spargel putzen und schälen
- Spargel dünsten
- Schinken um jeweils 3 Spargelstangen wickeln
- Öl in einer Pfanne erhitzen
- Spargel rundum anbraten
- mit Brunnenkresse servieren

Spargeltoast mit Ei

500 g frischer Spargel
4 Toastscheiben
4 Scheiben Räucherlachs
4 Eier
Öl
Petersilie

- Spargel waschen, schälen und in Stücke schneiden
- in Salzwasser dünsten und abseihen
- Toastscheiben mit Räucherlachs belegen
- Spargel darauf verteilen
- im Backrohr toasten
- Öl in einer Pfanne erhitzen
- Spiegeleier braten
- jeweils 1 Ei auf ein Toastbrot setzen
- mit gehackter Petersilie bestreuen

Spiegelei auf Blattspinat

8 Eier
1 kg Blattspinat
Salz und Pfeffer
2 Knoblauchzehen
1 TL Butter
1 EL Öl

- Blattspinat putzen
- Knoblauch schälen und hacken
- Butter in einer Pfanne erhitzen
- Knoblauch darin rösten
- Blattspinat dazugeben, mit Salz und Pfeffer würzen
- zurückschalten und bei kleiner Hitze dünsten
- Öl in einer Pfanne erhitzen
- Eier hineinschlagen
- Blattspinat auf den Tellern anrichten
- Spiegeleier darauf verteilen und noch etwas salzen und pfeffern

Tipp: *Spinat ist in Kombination mit Eiern sehr wohlschmeckend und man bekommt nicht sofort nach dem Essen Hungergefühle. Wer es gehaltvoller mag, einfach einige gekochte Kartoffeln schälen, klein schneiden und rösten.*

Schinkenröllchen mit Löwenzahn

8 dünne Scheiben Schinken
1 Handvoll junger Löwenzahnblätter
100 g Schafskäse

- Löwenzahnblätter putzen und waschen
- Schafskäse in 8 gleiche Stücke schneiden
- Löwenzahnblätter auf den Schinkenscheiben verteilen
- Schafskäse am Rand darauflegen und von dieser Seite einrollen

Spinatknödel

5 altbackene Semmeln
2 Eier
warmes Wasser
1/2 Zwiebel
200 g Blattspinat
Salz und Pfeffer
Öl

- Semmeln in Würfel schneiden
- mit Eiern und warmem Wasser abkneten (Wassermenge je nach Konsistenz der Semmel)
- Zwiebel schälen und hacken
- Öl in einer Pfanne erhitzen, Zwiebelwürfel darin rösten
- Spinat verlesen, waschen und im Mixer hacken
- Spinat und Zwiebel zur Semmelmischung geben
- 20 Minuten quellen lassen
- Salzwasser zum Kochen bringen
- aus der Masse kleine Knöderl formen
- Spinatknöderl ins kochende Salzwasser einlegen und 12 Minuten ziehen lassen

Spargel-Fisch-Ragout

1 kg frischer Spargel
4 Fischfilets
1 TL Mehl
Petersilie
1 TL Butter
Salz

- Spargel schälen und in Stücke schneiden
- dünsten
- Fischfilets in kleine Stücke teilen, mit Mehl bestäuben
- Butter in einer Pfanne erhitzen
- Fischstücke darin dünsten
- Spargel abseihen
- zu den Fischstücken geben
- mit gehackter Petersilie bestreuen

Gerollte Hühnerbrüste mit Brennnesselfüllung

4 Hühnerbrüste
1 Handvoll junger Brennnesselspitzen
2 Knoblauchzehen
1/2 Zwiebel
Salz und Pfeffer
2 EL Öl

- Hühnerbrüste auseinanderschneiden und dünn klopfen
- salzen und pfeffern
- Brennnesselspitzen putzen und waschen
- Knoblauch und Zwiebel schälen und hacken
- Öl in einer Pfanne erhitzen
- Knoblauch und Zwiebel darin rösten
- Brennnesselspitzen dazugeben und kurz dünsten (etwas Flüssigkeit dazugeben)
- Fülle auf den Hühnerbrüsten verteilen
- Hühnerbrüste einrollen und mit Zahnstochern fixieren
- nochmals Öl in einer Pfanne erhitzen
- Hühnerbrüste rundum anbraten
- mit etwas Wasser aufgießen und zugedeckt gardünsten

Frühlingssalat

1 Kopfsalat
1 EL Sonnenblumenkerne
1 TL Leinsamen
Balsamicoessig
1 TL Olivenöl
gehackte Petersilie
gehackter Schnittlauch
1/2 Zwiebel
1 EL Sauerrahm

- Kopfsalat putzen und waschen
- die einzelnen Blätter zurechtzupfen
- Zwiebel schälen und sehr fein hacken
- Kräuter und Zwiebel mit dem Olivenöl verrühren
- 10 Minuten ziehen lassen
- alle Zutaten gut zusammenmischen

Leichte Erdbeerknödel

500 g Topfen
200 g Mehl
2 Dotter
20 g Butter
Salz
12 große Erdbeeren
Butter, Brösel und Zucker

- Topfen, Dotter, Butter, Salz und Mehl zu einem kompakten Teig abkneten, der nicht mehr klebt
- Teig zu einer Rolle formen und 12 Stücke abschneiden
- Teigstücke ausrollen und saubere, trockene Erdbeeren darauf verteilen
- Knödel formen
- Salzwasser zum Kochen bringen
- Knödel einlegen und ca. 12 Minuten ziehen lassen
- Butter in einer Pfanne erhitzen
- Brösel und Zucker darin rösten
- Knödel darin wenden

Ziegenkäse mit Erdbeeren

500 g Erdbeeren
200 g Ziegenkäse
Essig und Öl

- Erdbeeren putzen und waschen, trockentupfen
- Ziegenkäse in Stücke schneiden
- mit Essig und Öl marinieren
- Erdbeeren und Ziegenkäse auf Tellern anrichten

Topfennockerl mit Erdbeermus

250 g Bauerntopfen
3 EL Weizengrieß
3 EL Mehl
1 Ei
Salz

Für das Erdbeermus:
800 g sehr reife Erdbeeren
Zucker nach Belieben

- Topfen, Ei, Grieß und Mehl verrühren, salzen
- einige Zeit kühl stellen und quellen lassen
- aus der Masse Nockerl formen
- Salzwasser zum Kochen bringen
- Nockerl einlegen und ca. 12 Minuten ziehen lassen
- inzwischen Erdbeeren entstielen und klein schneiden
- mit Zucker im Mixer pürieren
- Erdbeermus auf Teller verteilen und Nockerl daraufsetzen

Tipp: *An kühleren Tagen kann man das Erdbeermus auch kurz erwärmen.*

Rhabarbertascherl

500 g mehlige Kartoffeln
ca. 100 g Mehl (je nach Konsistenz der Kartoffeln)
1 Ei
Salz
300 g Rhabarber
Zucker nach Belieben
Zimt
1 Ei zum Bestreichen
Butter, Zucker und Brösel

- Kartoffeln kochen, schälen und passieren
- Ei einkneten, salzen
- so viel Mehl einkneten, dass sich der Teig gut vom Schüsselrand löst
- Teig in Frischhaltefolie wickeln
- Rhabarber schälen und in Stücke schneiden
- mit Zimt und Zucker kurz dünsten
- gut abtropfen und auskühlen lassen
- Kartoffelteig auf einer bemehlten Arbeitsplatte ausrollen
- Quadrate in beliebiger Größe ausschneiden
- die Hälfte der Quadrate mit Rhabarberfülle belegen
- Ränder mit verquirltem Ei bestreichen, ein leeres Teigblatt darüberlegen und an den Rändern gut zusammendrücken
- Salzwasser zum Kochen bringen
- Teigtascherl einlegen und Herdplatte zurückschalten
- ca. 10 Minuten ziehen lassen
- Butter in einer Pfanne erhitzen, Brösel und Zucker darin rösten
- Tascherl beidseitig darin schwenken

Rezepte Sommer

Frühstück im Sommer

Das Frühstück im Sommer sieht leicht und frisch aus:

- frische Früchte mit Joghurt oder Buttermilch
- frisch gepresster Fruchtsaft
- Vollkornbrot mit Topfen und pürierten Früchten
- Vollkornbrot mit Schinken und Salatblättern

Erfrischendes Sommerfrühstück

125 g Erdbeeren
200 ml Naturjoghurt
1 TL Goldsirup

- Erdbeeren putzen und waschen
- klein schneiden
- Goldsirup und Erdbeerstücke mit Joghurt vermischen

Die besten Tees für den Sommer

Tee im Sommer sollte in erster Linie eine durstlöschende Wirkung haben. Viele Tees lassen sich auch kalt wie Eistees genießen. Abwechslung ist im Sommer genügend vorhanden. Wer kleine Kinder hat, sollte von Anfang an auf ungesüßte Tees zurückgreifen. Kinder lieben bunte Flaschen, aus denen sie trinken können.

- Pfefferminz- und Minztee
- Melissentee
- Zitronenmelissentee
- Erdbeerblättertee
- Schafgarbentee
- Kamillentee
- Früchtetee aus Pfirsich, Kirsche, Marille
- Malventee

Neutraler Tee im Sommer: Früchtetee

Leichte Kost für Sommertage

Da die Ernährung im Sommer grundsätzlich viel leichter ist als zur übrigen Jahreszeit, kann man im Sommer die Entschlackungstage aussetzen. Im Sommer ist ein so breites Angebot an frischem Obst und Gemüse sowie eine Fülle an unterschiedlichen Salaten auf dem Markt, dass es ein Leichtes ist, sein Gewicht zu halten. Durch den hohen Anteil an frischem Obst und Gemüse wird der Stoffwechsel so richtig angekurbelt. Hat man trotzdem einmal eine zu üppige Mahlzeit eingenommen, kann man einen entschlackenden Obst- oder Gemüsetag einlegen, unter der Voraussetzung, dass man an diesem Tag nicht zu viel Stress hat.

Salat mit Hühnerbrüsten und Erdbeeren

1 Kopfsalat
3 Hühnerbrüste
150 g Erdbeeren
250 ml Joghurt
Balsamicoessig
Olivenöl
Salz und Pfeffer
gehackte Petersilie
gehackter Schnittlauch
1 EL Öl

- Salat putzen und waschen
- Hühnerbrüste in Streifen schneiden
- Öl in einer Pfanne erhitzen
- Hühnerbruststreifen braten
- inzwischen Erdbeeren putzen und waschen
- Erdbeeren in Stücke schneiden
- Joghurt mit Balsamico, Olivenöl, Petersilie und Schnittlauch verrühren, salzen und pfeffern
- Salat marinieren
- Salat auf Tellern anrichten
- Hühnerstreifen und Erdbeeren darauf verteilen

Salat mit Tomaten-Mozzarella-Spießen

1 Kopfsalat
12 Cocktailtomaten
12 Mozzarellakügelchen
Basilikum
Essig und Öl
Salz und Pfeffer
4 Holzspieße

- Kopfsalat putzen und waschen
- Cocktailtomaten, Mozzarellakügelchen und Basilikum abwechselnd auf die Spieße stecken
- Salat marinieren und auf Tellern anrichten
- Spieße durch die Marinade ziehen und auf dem Salat verteilen

Champignonsalat mit Birnen

300 g Champignons
3 süße Birnen
200 ml Joghurt
1/2 Zwiebel
1 EL Öl
Petersilie

- Birnen schälen, entkernen und in kleine Würfel schneiden
- mit Joghurt marinieren und auf Tellern anrichten
- Zwiebel schälen und fein hacken
- Champignons putzen und blättrig schneiden
- Öl in einer Pfanne erhitzen
- Zwiebel rösten, Champignons ebenfalls durchrösten
- Champignons auf den Birnen verteilen
- mit gehackter Petersilie bestreuen

Salat-Schiffchen

1 Kopfsalat
250 g Topfen
1 EL Sauerrahm
4 Knoblauchzehen
50 g Sonnenblumenkerne
1/2 TL Sesam
1/2 TL geschrotete Leinsamen
Salz und Pfeffer

Für die Marinade:
Essig und Öl
Salatkräuter

- Kopfsalat putzen und waschen
- 8 schöne Salatblätter zurückbehalten
- restliche Salatblätter marinieren und Salatkräuter dazumischen
- marinierten Salat auf Tellern anrichten
- Knoblauchzehen schälen
- Knoblauch und Sonnenblumenkerne im Mixer hacken
- Topfen dazugeben und kurz verrühren
- Sauerrahm ebenfalls kurz unterrühren
- salzen und pfeffern
- Sesam und geschrotete Leinsamen dazugeben
- jeweils 2 Salatblätter auf Tellern anrichten
- Topfenaufstrich darauf verteilen

Gefüllte Tomate

8 große Tomaten
300 g Schafskäse
Essig und Öl
Salz und Pfeffer
Vollkorntoastbrot

- von den Tomaten Deckel abschneiden und etwas aushöhlen
- Schafskäse mit der Gabel zerdrücken
- Tomaten mit Essig und Öl beträufeln
- salzen und pfeffern
- Tomaten mit dem zerdrückten Schafskäse füllen und Deckel daraufgeben
- Toastbrot toasten und zweimal diagonal einschneiden
- Toastbrot auf Tellern fächerförmig anrichten
- jeweils zwei gefüllte Tomaten dazugeben

Rindfleisch mit Zucchini

400 g mageres Rindfleisch
1/2 Zwiebel
2 Zucchini
2 Paprika
Thymian
Lorbeerblatt
Muskat
Salz und Pfeffer
1 EL Öl

- Rindfleisch in feine Streifen schneiden
- Öl in einem Topf erhitzen
- Rindfleisch und Zwiebel rösten
- mit Wasser aufgießen, bis das Fleisch bedeckt ist
- Thymian, Lorbeerblatt und Muskat dazugeben
- salzen und pfeffern
- Fleisch weichdünsten
- Zucchini und Paprika putzen und waschen
- in Würfel schneiden und zum Fleisch geben
- Zutaten verrühren
- kurz mitdünsten

Zucchini-Röllchen

2 Zucchini
100 g Schinkenscheiben
200 g Frischkäse
Salz und Pfeffer
gehackte Petersilie
gehackter Schnittlauch

- Zucchini der Länge nach mit dem Kartoffelschäler in Streifen schneiden
- Frischkäse mit Petersilie und Schnittlauch verrühren, salzen und pfeffern
- Schinkenscheiben auf die Breite der Zucchinistreifen zuschneiden
- Zucchinistreifen mit Schinkenscheiben belegen
- Frischkäse aufstreichen
- belegte Zucchinistreifen fest einrollen

Lachsfilet auf Kohlrabi

400 g Lachsfilets
4 Kohlrabi
150 ml Suppe
150 ml Sauerrahm
Petersilie
Salz
Butter zum Befetten der Form

- Kohlrabi schälen und die Hälfte der Kohlrabi fein hobeln
- Auflaufform befetten und die gehobelten Kohlrabi darin verteilen
- mit Suppe aufgießen
- bei 200 °C 15 Minuten im Backrohr garen
- inzwischen restliche Kohlrabi schälen und in Würfel schneiden
- anschließend die Flüssigkeit abgießen
- Lachsfilets über den Kohlrabi verteilen
- restliche Kohlrabi darüber verteilen
- bei 180 °C 15 Minuten garen
- Sauerrahm verrühren und über den Kohlrabi verteilen
- noch einige Minuten weitergaren
- mit gehackter Petersilie bestreuen

Gefüllter Kohlrabi

8 Kohlrabi
500 g Tomaten
150 g Schafskäse
100 g Crème fraîche
250 ml Suppe
Salz
Fett für die Auflaufform

- Deckel vom Kohlrabi abschneiden
- Kohlrabi in Salzwasser dünsten
- Brühe zurückbehalten
- Kohlrabi innen aushöhlen
- das ausgehöhlte Fruchtfleisch würfelig schneiden
- Tomaten ebenfalls würfeln
- Schafskäse zerdrücken und mit Crème fraîche abrühren
- Schafskäsemischung mit Tomaten- und Kohlrabiwürfeln verrühren
- Kohlrabi damit füllen
- Deckel daraufgeben
- Kohlrabi in eine befettete Auflaufform schichten
- Kohlrabibrühe eingießen
- bei 200 °C 15 Minuten überbacken

Marillen-Scheiterhaufen

5 altbackene Semmerl
330 ml Magermilch
2 Eier
70 g Zucker
Zimt
30 g Butter
500 g Marillen
80 g Zucker

- Marillen waschen, halbieren und entkernen
- Semmeln in dünne Scheiben schneiden und in eine Schüssel geben
- Milch mit Dotter verquirlen und darübergießen
- Auflaufform befetten
- 1 Schicht Semmelscheiben verteilen
- entkernte Marillen darüber verteilen, Zucker und Zimt darüberstreuen
- abwechselnd Marillen und Semmelscheiben einschichten
- Semmelscheiben mit Butterflocken bestreuen
- 25 Minuten bei 180 °C backen
- Eiklar und 80 g Zucker zu sehr steifem Schnee schlagen
- über dem Scheiterhaufen verteilen
- bei 230 °C ca. 5–10 Minuten überbacken

Sommerliches Röstgemüse mit Joghurtdip

2 Zucchini
1 Gurke
3 Knoblauchzehen
1/2 Zwiebel
1 Karfiol
1 EL Olivenöl
Salz und Pfeffer

Für den Joghurtdip:
250 ml Magerjoghurt
1 EL Crème fraîche
gehackte Petersilie
geschroteter
bunter Pfeffer
1 Msp. Paprikapulver
Salz

- Knoblauch und Zwiebel schälen und hacken
- Zucchini und Gurke in Scheiben hobeln
- Karfiol putzen und in Röschen teilen
- Karfiolröschen in Salzwasser bissfest dünsten
- Olivenöl in einem Topf erhitzen
- Knoblauch und Zwiebel darin rösten
- Zucchini und Gurken mitrösten
- Karfiolröschen abseihen und ebenfalls durchrösten
- für den Joghurtdip alle Zutaten verrühren

Tipp: *Röstgemüse schmeckt in allen Variationen köstlich, einfach Gemüse der Saison zusammenmischen, durch das Rösten in Öl bekommt das Gemüse einen sehr starken, intensiven Eigengeschmack. Röstgemüse als Hauptspeise mit frisch getoasteten Vollkornbrot-Scheiben genießen.*

Fischfilets auf Gemüse

4 Fischfilets
2 Frühlingszwiebeln
2 Karotten
2 kleine Gurken
250 g Topfen
50 g Kren
Salz und Pfeffer
Olivenöl
Zitronenthymian

- Frühlingszwiebeln, Karotten und Gurken putzen
- Gemüse in Ringe bzw. Scheiben schneiden
- Auflaufform befetten
- Gemüse hineinschichten
- Fischfilets darauf verteilen
- bei 180 °C 30 Minuten backen
- Kren schälen und hobeln
- mit Topfen, Salz und Pfeffer abschmecken
- Gemüse und Fischfilets auf Tellern anrichten
- Krentopfen darauf verteilen
- mit Zitronenthymian dekorieren

Tipp: *Fischfilets kann man auch mit Tomatenscheiben und Mozzarella belegen.*

Zweierlei Folienkartoffeln

8 große Kartoffeln
250 g Topfen
250 ml Sauerrahm
4 Knoblauchzehen
1/2 Zwiebel
gehackter Schnittlauch
gehackte Petersilie
40 g Sonnenblumenkerne
40 g geschrotete Leinsamen
40 g Sesam
Salz und Pfeffer
Olivenöl fürs Blech

- Kartoffeln gut waschen und knackig dünsten
- Kartoffeln mit Olivenöl bepinseln und jede einzeln in Alufolie wickeln
- bei 230 °C 15–25 Minuten backen
- inzwischen für die erste Sauce Knoblauch und Zwiebel schälen und im Mixer hacken
- Schnittlauch und Petersilie dazugeben
- den halben Topfen kurz unterrühren
- den halben Sauerrahm ebenfalls unterrühren, salzen und pfeffern
- für die zweite Sauce Sonnenblumenkerne im Mixer hacken
- Leinsamen und Sesam dazugeben
- restlichen Topfen kurz mitmixen, salzen
- Sauerrahm ebenfalls kurz unterrühren
- Alufolien öffnen und Kartoffeln der Länge nach mit 2 Gabeln auseinanderreißen
- Saucen darauf verteilen

Fitnesstoast

4 Scheiben Vollkorntoastbrot
4 Putenfilets
1 Zucchini
1 Zwiebel
1 EL Öl
Salz und Pfeffer
Schnittlauch

Für das Dressing:
3 kleine Tomaten
100 ml Magerjoghurt
1 EL Crème fraîche
1 TL Tomatenmark
Salz

- Putenfilets salzen und pfeffern
- Zwiebel schälen und hacken
- Zucchini in Scheiben schneiden
- Öl in einer Pfanne erhitzen
- Zwiebel rösten
- Putenfilets beidseitig braten
- Zucchini mitbraten
- Tomaten vierteln und salzen
- Magerjoghurt mit Crème fraîche und Tomatenmark gut verrühren, salzen
- Tomaten ebenfalls dazugeben
- Vollkorntoastbrot toasten
- Putenfilets und Zucchini auf den Toastbroten anrichten
- Dressing darauf verteilen, mit Schnittlauchröllchen bestreuen

Schichtsalat

1 Eisbergsalat
700 g Tomate
jeweils 1 roter, grüner und gelber Paprika
1 Gurke
200 g Schinken
200 g Käse
Salz und Pfeffer
Balsamicoessig
Olivenöl

- Eisbergsalat und Paprika nudelig schneiden
- Tomaten in Scheiben schneiden
- Schinken und Käse ebenfalls nudelig schneiden
- Gurke hobeln
- alle Zutaten extra marinieren, salzen und pfeffern
- die Hälfte des Eisbergsalates in eine Schüssel füllen
- Tomaten, Gurken und Paprika schichtweise darüberschichten
- Schinkenscheiben darüberschichten
- restlichen Eisbergsalat daraufgeben
- geriebenen Käse darüber verteilen

Rucola-Pizza

250 g Mehl
1/2 Pkg. Trockengerm
125 ml Wasser
1 EL Olivenöl
Salz
400 g Rucola
100 g Tomatensauce
Öl, Mehl und Brösel
für das Blech

- Mehl mit Trockengerm versieben, salzen
- Wasser dazukneten
- Teig zugedeckt 1/2 Stunde gehen lassen
- Backrohr auf 230 °C vorheizen
- Teig ausrollen
- Blech mit Öl bepinseln, Mehl und Brösel vermischen und aufs Blech streuen
- Teig auf das Blech geben
- Tomatensauce darauf verteilen
- Pizzateig ins Backrohr schieben
- nach 3 Minuten Backrohr auf 190 °C zurückschalten
- 15 Minuten backen
- geputzten Rucola auf der Pizza verteilen

Spaghetti mit selbstgemachter Tomatensauce

400 g Spaghetti
800 g Tomaten
1 EL Olivenöl
Salz und Pfeffer
1 Prise Zucker
Basilikum

- Spaghetti in Salzwasser bissfest kochen
- Tomaten häuten und je nach Größe vierteln oder achteln
- Olivenöl in einem Topf erhitzen
- Tomaten dazugeben salzen und pfeffern
- Zucker darüberstreuen
- Hitze zurückschalten und unter ständigem Rühren dünsten
- Spaghetti auf Tellern anrichten
- Sauce darüber verteilen
- mit Basilikum dekorieren

Gemüsesulze

900 ml Suppe
10 Blatt Gelatine
2 Karotten
100 g Erbsen
100 g Brokkoli
4 gekochte Eier
Salz und Pfeffer
Essig und Öl

- Karotten schälen und in Scheiben schneiden
- Brokkoli und Erbsen putzen
- Brokkoli in kleine Stücke teilen
- Gemüse bissfest dünsten
- Gelatine in kaltem Wasser einweichen und ausdrücken
- Suppe aufkochen und Gelatine einrühren
- etwas überkühlen lassen, salzen und pfeffern
- Brokkoli, Karotten und Erbsen einrühren
- Eier schälen und in Scheiben schneiden
- Salatschüsserl mit den Eierscheiben auslegen
- Gemüsesulze vorsichtig einfüllen
- kalt stellen
- mit Essig und Öl servieren

Weißkäse-Brokkoli-Strudel

Für den Strudelteig:
150 g glattes Mehl
120 ml Wasser
1 EL Öl
Salz

Für die Fülle:
500 g Brokkoli
200 g Weißkäse
gehackte Petersilie

1 Ei zum Bestreichen

- für den Strudelteig Mehl mit Öl, Salz und warmem Wasser so lange abschlagen, bis der Teig seidig glänzend und glatt ist
- Teig zu einer Kugel formen und mit Öl bestreichen
- 1/2 Stunde quellen lassen
- für die Fülle Brokkoli putzen und in kleine Röschen teilen
- in wenig Salzwasser bissfest dünsten, abseihen und auskühlen lassen
- Weißkäse abrühren
- Strudelteig ausrollen und mit Weißkäse bestreichen
- Brokkoliröschen darauf verteilen, gehackte Petersilie darüberstreuen
- Strudel einrollen
- mit verquirltem Ei bestreichen
- bei 180 °C 25 Minuten backen

Rezepte Herbst

Frühstück im Herbst

Im Herbst stellt man sich bei der Zubereitung des Frühstücks schon auf die kältere Jahreszeit ein. Jetzt wird das Frühstücksmüsli anstatt mit Buttermilch oder Joghurt mit Magermilch zubereitet.

Frühstücksmüsli

250 ml Magermilch
50 g Haferflocken
1 TL geschrotete Leinsamen
Obst: Apfel, Birne, 2 Zwetschken oder 50 g Brombeeren
Zimt
Honig

- Milch erwärmen
- Haferflocken und geschrotete Leinsamen darin quellen lassen
- Früchte entkernen und klein schneiden, mit Zimt aromatisieren
- Früchte und Honig unter das Müsli heben

Die besten Tees für den Herbst

Im Herbst erfolgt eine Umstellung des Körpers auf weniger Energieverbrauch. Sehr oft hat man Apfelschalen zur Hand, die man gleich zu einem köstlichen Tee weiterverwenden kann. Auch alle Arten von Früchtetees sind im Herbst sehr gut bekömmlich. Herbsttees kann man mit Nelken, Anis, Vanille und Zimt würzen.

- Schafgarbentee
- Melissentee
- Ingwertee
- Früchtetee aus Brombeeren und Himbeeren
- Hagebuttentee
- Salbeitee
- Pfefferminztee
- Wermuttee
- Fencheltee

Neutraler Tee im Herbst: Apfelschalentee, Früchtetee

Leichte Suppen

Gemüsesuppe

600 g Brokkoli
750 ml Wasser
1 Karotte
1 Scheibe Sellerie
1 Stk. Petersilienwurzel
Muskat
Basilikum
1 EL Sauerrahm
Salz und Pfeffer
evtl. Suppengewürz

- Brokkoli putzen und in kleine Stücke teilen
- Karotte, Petersilienwurzel und Sellerie schälen und in Stücke schneiden
- Brokkoli mit dem übrigen Gemüse und den Gewürzen dünsten
- salzen und pfeffern
- 1 EL Sauerrahm einrühren
- einige Minuten ziehen lassen

Gurkensuppe

1 Gurke
750 ml Suppe
2 Knoblauchzehen
1/2 Zwiebel
2 EL Tomatenmark
1 EL Olivenöl
Schnittlauch

- Gurke in kleine Würfel schneiden
- Knoblauch und Zwiebel schälen, hacken
- Olivenöl in einer Pfanne erhitzen
- Knoblauch und Zwiebel darin rösten
- Tomatenmark kurz mitrösten
- Gurkenstücke dazugeben
- mit Suppe aufgießen
- ca. 10 Minuten dünsten
- mit Schnittlauchröllchen bestreuen

Chinakohlsuppe

1 Chinakohl
1/2 Zwiebel
2 Knoblauchzehen
750 ml Suppe
Basilikum
gemahlener Kümmel
50 g Schinken
1 EL Olivenöl
Salz und Pfeffer
Schnittlauch

- Chinakohl putzen, vom harten Strunk befreien und in feine Streifen schneiden
- Zwiebel und Knoblauch schälen und fein hacken
- Schinken in kleine Würfel schneiden
- Öl in einem Topf erhitzen
- Schinken, Zwiebel und Knoblauch darin rösten
- Chinakohl dazugeben und kurz mitrösten
- mit Suppe aufgießen
- Basilikum und gemahlenen Kümmel dazugeben
- weichdünsten
- evtl. salzen und pfeffern
- mit Schnittlauchröllchen bestreuen

Tipp: *Chinakohl verliert sehr viel von seinem Volumen während des Dünstens!*

Karfiolcremesuppe

600 g Karfiol
750 ml Suppe
1 EL Crème fraîche
Basilikum
Kümmel
Muskat

- Karfiol putzen, waschen und in kleine Stücke teilen
- Karfiol mit Suppe und Gewürzen dünsten
- Suppe durch ein Passiersieb drücken
- mit Crème fraîche abschmecken

Klare Karottensuppe

600 g Karotten
1 Zwiebel
1/4 Stange Lauch
1/2 Sellerie
750 ml Suppe
1 TL Butter

- Karotten und Sellerie schälen und in Stifte schneiden
- Lauch putzen und in Ringe schneiden
- Zwiebel schälen und hacken
- Butter in einem Topf erhitzen
- Zwiebel darin rösten
- Karotten, Sellerie und Lauch dazugeben und ebenfalls kurz mitrösten
- mit Suppe aufgießen
- bissfest dünsten

Tipp: *Klare Karottensuppe eignet sich besonders für Suppentage, wenn man am Vortag etwas über die Stränge geschlagen hat, da sie sehr kalorienarm ist!*

Kohlsuppe

1/2 Kohlkopf
1/2 Zwiebel
2 Knoblauchzehen
50 g Schinkenspeck
750 ml Suppe
gemahlener Kümmel
Basilikum
Muskat
Ingwer

- Kohl putzen, waschen und in feine Streifen schneiden
- Zwiebel und Knoblauch schälen und hacken
- Schinkenspeck in kleine Würfel schneiden
- Schinkenspeckwürfel in einem Topf rösten
- Zwiebel und Knoblauch ebenfalls mitrösten
- Kohl dazugeben und kurz durchrösten
- mit Suppe aufgießen
- Kümmel, Basilikum, Muskat und Ingwer dazugeben
- weichdünsten

Tipp: *Kohl ist sehr reich an Ballaststoffen, dadurch hat man wenig Hungergefühl, durch die Zugabe von Ingwer wird die Verdauung angeregt.*

Knoblauchsuppe

4 Knoblauchzehen
1/2 Zwiebel
750 ml Milch
Petersilie
2 EL Mehl und
1/16 l Milch zum Binden
Salz und Pfeffer
evtl. Suppengewürz
1 EL Öl

- Knoblauch und Zwiebel schälen und fein hacken
- Öl in einem Topf erhitzen
- Knoblauch und Zwiebel glasig rösten
- mit Milch aufgießen
- salzen, pfeffern, evtl. Suppengewürz dazugeben
- Mehl mit Milch verrühren
- in die kochende Suppe einrühren
- gehackte Petersilie einstreuen

Brotsupppe

200 g Schwarzbrot
1/2 Zwiebel
50 g Speckwürfel
750 ml Suppe
2 EL Crème fraîche

- Schwarzbrot würfelig schneiden
- Zwiebel schälen und hacken
- Speckwürfel mit Zwiebel in einem Topf anrösten
- mit Suppe aufgießen
- 10 Minuten dünsten
- Crème fraîche einrühren
- Brotwürfel dazugeben und ziehen lassen

Tipp: *Brotsuppe eignet sich besonders für jene Tage, an denen man allgemein und grundlos unzufrieden ist. Durch diese bescheidene und einfache Mahlzeit freut man sich wieder auf das, was wir sonst oft gar nicht mehr so schätzen.*

Hirsesuppe

90 g Hirse
750 ml Suppe
1/2 Zwiebel
2 Knoblauchzehen
1 EL Sauerrahm
1 TL Butter
Petersilie

- Zwiebel und Knoblauch schälen und hacken
- Butter in einem Topf erhitzen
- Zwiebel und Knoblauch darin rösten
- Hirse ebenfalls kurz durchrösten (ergibt einen feinen nussigen Geschmack)
- mit Suppe aufgießen und weichdünsten
- Sauerrahm und gehackte Petersilie einrühren

Kürbiscremesuppe

500 g Kürbisfleisch
500 ml Milch
250 ml Wasser
1 Lauch
200 g Kartoffeln
1/2 Zwiebel
25 g Kürbiskerne
Suppengewürz
25 g Butter

- Kürbisfleisch kleinwürfelig schneiden
- Zwiebel schälen und hacken
- Lauch putzen und in Ringe schneiden
- Kartoffeln schälen und würfelig schneiden
- Butter in einem Topf erhitzen
- Zwiebel darin rösten
- Kartoffeln und Lauch mitrösten
- mit Milch und Wasser aufgießen
- Suppengewürz dazugeben
- 15 Minuten dünsten
- Kürbisfleisch ebenso dazugeben
- gardünsten
- mit dem Mixstab pürieren
- mit Kürbiskernen bestreuen

Süße Suppen

Süße Zwetschkensuppe

500 g Zwetschken
750 ml Wasser
Zimt
Nelken
Zucker nach Geschmack
Vanillezucker
2 EL Maizena
etwas Milch

- Zwetschken entsteinen und in kleine Stücke schneiden
- Zwetschken mit Zimt, Nelken, Zucker und Vanillezucker in Wasser sehr weich dünsten
- passieren
- Maizena mit etwas Milch abrühren und in die Suppe einrühren
- kurz aufkochen
- einige Minuten ziehen lassen

Weintraubensuppe

250 ml Sauermilch
250 ml Wasser
250 ml Sauerrahm
1 EL Mehl
Salz
ganzer Kümmel
100 g Weintrauben

- Mehl mit etwas Sauermilch verrühren
- Sauermilch mit Wasser und Kümmel aufkochen, salzen
- Mehlteigerl und Sauerrahm einrühren
- Suppe auf Tellern anrichten
- Weintrauben in der Mitte auseinander schneiden (oder kleine Weintrauben verwenden)
- über der Suppe verteilen

Apfelsuppe mit Preiselbeeren

3 Äpfel
2 EL Preiselbeermarmelade
750 ml Suppe
100 ml Sauerrahm

- Äpfel schälen, entkernen und blättrig schneiden
- Äpfel in Suppe weichdünsten
- pürieren
- Preiselbeermarmelade und Sauerrahm einrühren
- einige Minuten ziehen lassen

Tipp: *Preiselbeeren wirken vorbeugend gegen Harnwegsinfekte.*

Bohneneintopf

600 g Bohnen
1 Zwiebel
2 Knoblauchzehen
1/2 l Wasser
Lorbeerblätter
Chilipulver
3 EL Tomatenmark
1 TL Paprikapulver
gehackte Petersilie
2 EL Öl
Salz

- Bohnen putzen und waschen
- Zwiebel und Knoblauch schälen und fein hacken
- Öl in einer Pfanne erhitzen
- Zwiebel und Knoblauch rösten
- Bohnen darin schwenken
- mit Wasser aufgießen, salzen
- mit Lorbeerblättern, Chili, Tomatenmark und Paprika würzen
- ca. 25 Minuten dünsten
- gehackte Petersilie einstreuen
- einige Minuten ziehen lassen

Tipp: *Als Variation anstatt 600 g Bohnen 200 g Kartoffeln und 400 g Bohnen verwenden.*

Gedünstete Bohnen mit Birnen

800 g Bohnen
200 g Schinkenscheiben
2 süße Birnen
1 EL Öl
Salz und Pfeffer

- Bohnen in Salzwasser dünsten
- Schinkenscheiben in Streifen schneiden
- Öl in einer Pfanne erhitzen
- Schinkenstreifen darin rösten
- abgeseihte Bohnen darin schwenken
- salzen und pfeffern
- Birnen entkernen und kleinwürfelig schneiden
- Birnen unter die Bohnen mischen, kurz ziehen lassen

Bohnen-Toast

600 g Bohnen
2 EL Tomatenmark
125 ml Wasser
1/2 Zwiebel
Salz und Pfeffer
1 TL Öl
4 Scheiben Vollkorntoastbrot

- Bohnen dünsten und abseihen
- Zwiebel schälen und hacken
- Öl in einer Pfanne erhitzen
- Zwiebel darin rösten, Bohnen dazugeben
- Tomatenmark einrühren, mit Wasser aufgießen, erwärmen und einkochen lassen
- salzen und pfeffern
- Vollkorntoastbrot toasten und die Bohnen darauf verteilen

Erbsen mit Schinkentopfen

800 g Erbsen
200 g Schinken
250 g Topfen
2 EL Crème fraîche
Petersilie
Salz und Pfeffer
1/2 TL Zucker

- Erbsen in wenig gezuckertem und gesalzenem Wasser bissfest dünsten (Zucker und Salz dazugeben)
- Schinken feinnudelig schneiden
- Topfen im Mixer verrühren
- Crème fraîche, Schinken, gehackte Petersilie, Salz und Pfeffer dazurühren
- abgeseihte Erbsen auf Schinkentopfen anrichten

Kochsalat mit Erbsen

2 Köpfe Kopfsalat
400 g Erbsen
Salz
gehacktes Bohnenkraut
gehackte Petersilie

- Salat waschen und die Blätter teilen
- Salatblätter mit sehr wenig Wasser unter Rühren dünsten, salzen
- Erbsen putzen, waschen und dünsten, Bohnenkraut dazugeben
- Salat auf Tellern anrichten
- Erbsen in der Mitte verteilen
- mit gehackter Petersilie bestreuen

Brokkoli mit Gorgonzola

600 g Brokkoli
200 g Gorgonzola
Muskat
Salz

- Brokkoli putzen, waschen und in Röschen teilen
- Muskat und Salz zum Kochwasser geben
- Brokkoli dazugeben und bissfest dünsten
- Gorgonzola in kleine Stücke teilen
- Brokkoli abseihen und die Gorgonzolastücke unterheben
- kurz erwärmen

Fisch mit Fenchel

4 Fischfilets
2 Fenchel
Muskat
Zitronensaft
Salz

- Fischfilets in Stücke schneiden
- Fenchel putzen, halbieren und dünsten
- Wasser zu 3/4 abgießen
- Fischstücke über dem Fenchel verteilen und gardünsten

Gratinierter Karfiol

800 g Karfiol
120 g Schinken
120 g geriebener Gouda
1 TL Butter
50 g Mehl
100 ml Milch
Salz
Petersilie

- Karfiol putzen und waschen
- in Röschen teilen und dünsten
- Butter zerlassen, Mehl darin rösten und mit Milch aufgießen
- salzen
- Schinken in Streifen schneiden
- Karfiol abseihen, mit Schinkenstreifen vermischen
- in eine befettete Auflaufform schichten
- Béchamel darübergießen
- mit geriebenem Käse bestreuen
- bei 190 °C ca. 15 Minuten backen
- mit gehackter Petersilie bestreuen

Karottenrösti

600 g Karotten
100 g Mehl
1 Ei
Salz
Zitronenthymian
Öl

- Karotten schälen und raspeln
- mit Mehl, Ei, Salz und Zitronenthymian verkneten
- Öl erhitzen
- aus der Masse Taler in beliebiger Größe formen
- in Mehl wenden
- Taler beidseitig goldbraun backen

Kohlrabisalat

600 g Kohlrabi
1 Paprika rot
1 TL Sesam
1 EL Mohnöl
Balsamicoessig
Salz

- Kohlrabi schälen und fein hobeln
- Paprika putzen und in kleine Stücke schneiden
- Kohlrabi und Paprika vermischen
- Sesam dazugeben
- mit Balsamicoessig, Salz und Mohnöl abschmecken

Kohlsprossenpüree mit Putenstreifen

600 g Kohlsprossen
250 ml Wasser
Salz
Muskat
2 Putenschnitzel
1 TL Öl

- Kohlsprossen waschen und putzen
- Kohlsprossen in Wasser, dem man Muskat und Salz zugefügt hat, weichdünsten
- Wasser abseihen
- Kohlsprossen mit einem Pürierstab mixen
- Putenschnitzel in feine Streifen schneiden
- salzen
- Öl in einer Pfanne erhitzen
- Fleisch darin anbraten
- Kohlsprossenpüree auf Tellern anrichten
- Fleischstreifen darauf verteilen

Ratatouille

4 Paprika
1 Zwiebel
2 Knoblauchzehen
3 Tomaten
1 Zucchini
1 Melanzani
Salz und Pfeffer
gehackte Petersilie
1 TL Olivenöl

- Tomaten häuten und in Stücke schneiden
- Paprika putzen und in Streifen schneiden
- Zwiebel und Knoblauch schälen und hacken
- Zucchini und Melanzani schälen und in Stücke schneiden
- Olivenöl erhitzen, Zwiebel und Knoblauch gut durchrösten
- Tomaten und Paprika dazugeben, durchrösten
- Zucchini und Melanzani ebenfalls mitrösten
- bei niedriger Temperatur 20 Minuten dünsten
- mit Salz und Pfeffer würzen, Petersilie darüberstreuen

Weißkohlrouladen

1 Weißkohl
100 g Hirse
200 ml Gemüsesuppe
1 Karotte
Salz
Kümmel
Muskat
Piment
Lorbeerblatt
Fett für die Form
500 ml passierte Tomaten
gehackte Petersilie

- Weißkohlblätter vom Strunk schneiden
- Weißkohlblätter in Wasser, dem man die Gewürze und Salz hinzugefügt hat, dünsten
- Karotte schälen und in Würfel schneiden
- Hirse mit Gemüsesuppe und Karottenwürfeln aufkochen, salzen, bei schwacher Hitze quellen lassen
- gehackte Petersilie dazugeben
- Weißkohlblätter mit Hirsemasse füllen und einrollen
- in eine befettete Auflaufform setzen
- mit passierten Tomaten übergießen und 20 Minuten bei 180 °C backen
- mit gehackter Petersilie bestreuen

Tomaten-Gurken-Ragout

1 kg Tomaten
1 Gurke
1/2 Zwiebel
3 Knoblauchzehen
Oregano
Rosmarin und Thymian
Salz und Pfeffer
1 TL Olivenöl

- Tomaten vierteln
- Gurke in kleine Stücke schneiden
- Zwiebel und Knoblauch schälen und hacken
- Öl in einer Pfanne erhitzen
- Zwiebel und Knoblauch gut rösten
- Tomatenstücke und Gurkenwürfel dazugeben
- mit Oregano, Rosmarin und Thymian würzen, salzen und pfeffern
- evtl. etwas aufgießen
- 15 Minuten dünsten

Lauch mit Dinkel

200 g Dinkel
250 g Lauch
2 EL Crème fraîche
gehackte Petersilie
Salz
1 TL Olivenöl

- Dinkel einige Stunden einweichen
- Lauch putzen und in Ringe schneiden
- Lauchringe in Olivenöl rösten und mit wenig Wasser aufgießen, weichdünsten
- Dinkel abseihen und in Salzwasser dünsten
- Lauch mit Dinkel und Petersilie vermischen
- Crème fraîche unterrühren

Zucchinipuffer im Backrohr

2 Zucchini
2 große gekochte Kartoffeln
1 Ei
2 EL Mehl
Basilikum
Chilipulver
Kurkuma
Salz
Öl zum Befetten

- Kartoffeln schälen
- Zucchini und Kartoffeln raspeln, ausdrücken und mit Ei und Mehl vermischen
- mit Basilikum, Chili, Kurkuma und Salz würzen
- Backblech befetten
- aus der Zucchini-Kartoffel-Masse flache Puffer formen
- bei 180 °C 40 Minuten backen

Apfel-Karotten-Rohkostsalat

200 g Äpfel
200 g Karotten
200 g Sellerie
1 EL gehackte Nüsse
Mohnöl
Balsamicoessig
Salz
100 ml Sauerrahm

- Äpfel, Karotten und Sellerie schälen und raspeln
- Sauerrahm mit Balsamico und Mohnöl verrühren
- Äpfel, Karotten und Sellerie vermischen, salzen
- mit der Sauerrahmmischung marinieren
- gehackte Nüsse darüber verteilen

Gurke mit Topfenfülle

2 Gurken
250 g Magertopfen
50 g Sonnenblumenkerne
2 Knoblauchzehen
1 EL Sauerrahm
Salz und Pfeffer
3 Borretschblätter

- Knoblauchzehen schälen
- Gurken längs und quer durchschneiden und aushöhlen
- ausgehöhltes Fruchtfleisch mit Sonnenblumenkernen, Borretschblättern und Knoblauch im Mixer hacken, salzen und pfeffern
- Magertopfen und Sauerrahm kurz mitmixen
- Topfenaufstrich auf den Gurkenstücken verteilen

Birnenstrudel

150 g Mehl
120 ml Wasser
1 EL Öl
Salz
50 g Butter zum Bestreichen des Strudels
1 verquirltes Ei
Fett und Mehl fürs Blech

Für die Fülle:
1 kg Birnen
Zimt
50 g Zucker
125 ml Sauerrahm
50 g Semmelbrösel

- Mehl mit warmem Wasser, Öl und Salz zu einem glänzenden Teig abschlagen
- Teig zu einer Kugel formen und mit Öl bestreichen
- Teig 1/2 Stunde rasten lassen
- inzwischen Birnen schälen und Kerngehäuse entfernen
- Birnen in kleine Stücke schneiden
- mit Zimt und Zucker marinieren
- Strudelteig ausrollen und anschließend ausziehen
- mit zerlassener Butter bestreichen
- Semmelbrösel darauf verteilen
- Birnen ebenfalls darübergeben und Sauerrahm darüber verteilen
- Strudel einrollen und mit verquirltem Ei bestreichen
- Blech befetten und bemehlen, Strudel daraufgeben
- bei 180 °C 35 Minuten backen

Birnen mit Schafskäse auf Chicorée

4 Birnen
200 g Schafskäse
2 Chicorée
Zimt
Nelken
Essig und Öl
Salz
2 EL Preiselbeer-marmelade

- Birnen halbieren und entkernen
- Birnen mit Zimt und Nelken kurz dünsten
- warm halten
- Schafskäse in 8 Stücke schneiden
- Chicorée waschen und in mundgerechte Stücke teilen
- Chicorée marinieren und auf 4 Tellern anrichten
- Birnen auf dem Chicorée anrichten
- Schafskäse darüber verteilen
- mit Preiselbeermarmelade verzieren

Apfel-Topfen-Auflauf

600 g Äpfel
500 g Topfen
3 Eier
70 g Grieß
70 g Zucker
Zimt
Vanillezucker
70 g Butter
Butter und Mehl für die Form

- Äpfel schälen, entkernen und in kleine Stücke schneiden
- Äpfel mit Zimt und Vanillezucker marinieren
- Eiklar zu steifem Schnee schlagen
- Butter, Zucker und Dotter flaumig rühren
- Topfen und Grieß kurz unterrühren
- Eischnee unterheben
- Auflaufform befetten und bemehlen
- Apfelmasse in die Form geben
- bei 180 °C 45 Minuten backen

Rezepte Winter

Frühstück im Winter

In den kalten Wintermonaten benötigt der Körper viel wärmende Energie. So wie im Herbst bereitet man das Frühstücksmüsli mit Magermilch zu. Jetzt kann man auch die herrlichen Trockenfrüchte verwenden, die zusätzlich für Ballaststoffe sorgen. Wer Lust hat, kann sich im Winter auch ein deftigeres Frühstück zubereiten. Mit Schinken, Speck und Eiern sowie einem kräftigen Vollkornbrot mit Butter.

Kräftigendes Winterfrühstück

250 ml Milch
50 g Haferflocken
1 TL geschrotete Leinsamen
1 EL Trockenfrüchte (wie Birnen, Äpfel oder Zwetschken)
Zimt
gemahlener Ingwer
1 TL Honig

- Milch erwärmen
- Haferflocken und geschrotete Leinsamen darin quellen lassen
- Trockenfrüchte klein hacken
- Früchte, Zimt, Ingwer und Honig unterrühren

Die besten Tees für den Winter

Wintertees kann man durch die Zugabe von Nelken, gemahlenem Ingwer, Anis, Vanille und Zimt im Geschmack verändern, zudem verbreiten diese Gewürze einen angenehmen Duft im Haus. Auch die Wirkung von Zimt auf die Stärkung des Immunsystems sollte man zu schätzen wissen. Wer zu kalten Füßen neigt und wem leicht kalt wird, der wird durch die Zugabe von Zimt zum Tee eine wärmende Wirkung verspüren. Die Duftstoffe von Vanille und Zimt haben aber auch eine außerordentlich beruhigende Wirkung auf unsere Psyche.

- Ingwertee
- Salbeitee
- Wermuttee
- Fencheltee
- Melissetee

Neutraler Tee im Winter: Apfelschalentee

Leichte Suppen

Eierflockensuppe

3 Eier
2 EL Mehl
750 ml Suppe
1 Karotte

- Karotte schälen und in kleine Würfel schneiden
- Karottenwürfel zur Suppe geben
- köcheln lassen, bis die Karottenwürfel weich sind
- Eier mit Mehl gut verquirlen
- Suppe aufkochen
- Eiermischung unter ständigem Rühren einrühren
- einige Minuten bei großer Hitze weiterrühren

Krautsuppe

1/2 Kopf Weißkraut
1/2 Zwiebel
750 ml Suppe
50 g Schinken
gemahlener Kümmel
Basilikum
Muskat
gemahlener Ingwer
1 TL Öl

- Krautkopf putzen, waschen und feinnudelig schneiden
- Zwiebel schälen und hacken
- Schinken in kleine Stücke schneiden
- Öl in einem Topf erhitzen
- Schinken und Zwiebel darin rösten
- Kraut dazugeben und ebenfalls rösten
- mit Suppe aufgießen
- Gewürze dazugeben
- gardünsten

Kümmelsuppe

1/2 Zwiebel
1 TL gemahlener Kümmel
1/2 l Milch
1/2 l Wasser
2 EL Crème fraîche
1 EL Öl

- Zwiebel schälen und fein hacken
- Öl in einer Pfanne erhitzen
- Zwiebel darin glasig rösten
- mit Milch und Wasser aufgießen, Kümmel dazugeben
- 15 Minuten köcheln lassen
- Crème fraîche einrühren
- einige Minuten ziehen lassen

Zwiebelsuppe

250 g Zwiebeln
1 EL Öl
750 ml Suppe
2 Scheiben Toastbrot

- Zwiebeln schälen und in feine Ringe schneiden
- Öl in einem Topf erhitzen
- Zwiebelringe darin glasig rösten
- mit Suppe aufgießen
- 10 Minuten köcheln lassen
- Toastbrot in kleine Würfel schneiden und im Backrohr toasten
- Suppe mit Toastbrotwürfeln servieren

Rote Rüben-Suppe

500 g Rote Rüben
750 ml Suppe
Lorbeerblatt
2 Gewürznelken

- Rote Rüben schälen und in Scheiben schneiden
- Rübenscheiben, Lorbeerblatt und Gewürznelken zur Suppe geben
- die Suppe kochen lassen, bis die Roten Rüben sehr weich sind
- Lorbeerblatt und Gewürznelken aus der Suppe nehmen
- Rote Rüben mit dem Mixstab pürieren

Selleriesuppe

600 g Sellerie
750 ml Suppe
1 Petersilienwurzel
1 Karotte
1/2 Zwiebel
1 EL Öl

- Sellerie, Petersilienwurzel, Karotte und Zwiebel schälen
- Zwiebel fein hacken
- Sellerie, Petersilienwurzel und Karotte in Würfel schneiden
- Öl in einer Pfanne erhitzen
- Zwiebel anrösten
- Gemüsewürfel dazugeben und mitrösten
- mit Suppe aufgießen
- gardünsten
- mit dem Mixstab pürieren

Chicoréesuppe

2 Chicorée
1/2 Zwiebel
2 Knoblauchzehen
2 EL Sauerrahm
Basilikum
gemahlener Kümmel
750 ml Suppe
1 EL Öl

- Chicorée putzen und in feine Streifen schneiden (den bitteren Strunk ebenfalls mitverarbeiten)
- Zwiebel und Knoblauch schälen und hacken
- Öl in einem Topf erhitzen
- Zwiebel und Knoblauch rösten
- Chicorée unter Rühren ebenfalls rösten
- mit Suppe aufgießen
- Basilikum und Kümmel dazugeben
- Suppe köcheln lassen, bis der Chicorée gar ist
- Sauerrahm einrühren und noch etwas ziehen lassen

Feine Kartoffelsuppe

500 g Kartoffeln
1 Zwiebel
3 Knoblauchzehen
1 Karotte
1 Sellerie
1 Msp. Paprikapulver
gemahlener Kümmel
750 ml Suppe
1 EL Öl
2 EL Mehl
100 ml Wasser
Basilikum
Lorbeerblatt
Thymian

- Kartoffeln, Zwiebel, Knoblauch, Karotte und Sellerie schälen
- Zwiebel und Knoblauch hacken
- Kartoffeln, Karotte und Sellerie in Würfel schneiden
- Öl in einem Topf erhitzen
- Zwiebel und Knoblauch rösten
- Kartoffel-, Karotten- und Selleriewürfel ebenfalls mitrösten
- mit Suppe aufgießen
- Paprika, Basilikum, Lorbeerblatt und Thymian dazugeben
- Suppe köcheln lassen, bis die Kartoffelstücke gar sind
- Mehl mit Wasser verrühren
- Suppe aufkochen und Mehlteigerl einrühren
- einige Minuten ziehen lassen

Einkornreissuppe

100 g Einkornreis
750 ml Suppe

- Einkornreis waschen
- Suppe zum Kochen bringen
- Einkornreis einrieseln lassen
- gardünsten

Haferflockensuppe

60 g Haferflocken
1 Karotte
1/2 Sellerie
750 ml Suppe
gemahlener Ingwer
1 TL Butter

- Karotte und Sellerie schälen und in kleine Würfel schneiden
- Butter in einer Pfanne erhitzen
- Karotten- und Selleriewürfel sowie Haferflocken rösten
- mit Suppe aufgießen
- Ingwer dazugeben
- gardünsten

Gerstlsuppe

100 g Rollgerste
750 ml Suppe
50 g Speck
1/2 Zwiebel
Kümmel
1 EL Öl

- Speck in kleine Würfel schneiden
- Zwiebel schälen und hacken
- Öl in einem Topf erhitzen
- Speck und gehackte Zwiebel darin rösten
- Rollgerste dazugeben und ebenfalls mitrösten
- mit Suppe aufgießen und gardünsten

Birnensuppe

4 weiche Birnen
1/2 Sellerie
750 ml Wasser
Zimtstange
etwas Vanillezucker

- Birnen schälen, entkernen und in kleine Stücke schneiden
- Sellerie schälen und in Stücke schneiden
- Wasser zum Kochen bringen
- mit Zimt und Vanillezucker aromatisieren
- Sellerie- und Birnenstücke dazugeben
- gardünsten
- mit dem Mixstab pürieren

Dörrobstsuppe

250 g Dörrobst
750 ml Wasser
1 Zimtstange

- Dörrobst und Zimtstange über Nacht in 750 ml Wasser einweichen
- am nächsten Tag Dörrobst im Einweichwasser weichdünsten

Chicorée im Schinkenmantel

4 Chicorée
8 dünne Schinkenblätter
100 g geriebener Käse
Basilikum
Salz

- Chicorée putzen und einen Teil des Strunkes entfernen
- Chicorée mit Basilikum und Salz dünsten
- Auflaufform befetten
- Chicorée der Länge nach halbieren
- mit jeweils 1 Schinkenscheibe umwickeln
- in eine Auflaufform schichten
- mit geriebenem Käse bestreuen
- 15 Minuten bei 200 °C überbacken

Chinakohlschiffchen mit Buchweizen

1 Chinakohl
120 g Buchweizen
200 ml Gemüsesuppe
Majoran
gemahlener Kümmel
Muskat
Salz
100 ml Suppe zum Aufgießen
250 ml Sauerrahm
getrocknete Kräuter

- Buchweizen in Gemüsesuppe dünsten und quellen lassen
- 8 Blätter vom Chinakohl abtrennen und in Salzwasser blanchieren
- restlichen Chinakohl in Streifen schneiden und mit Majoran, Kümmel, Salz und Muskat bei schwacher Hitze dünsten
- Buchweizen abseihen und mit den Chinakohlstreifen vermischen
- Kohlblätter etwas auskühlen lassen
- Buchweizenmischung darauf verteilen
- in eine befettete Auflaufform schichten
- mit etwas Suppe aufgießen
- bei 190 °C 15 Minuten backen
- Sauerrahm leicht erwärmen
- getrocknete Kräuter (Petersilie und Schnittlauch) einrühren, salzen und etwas ziehen lassen
- Chinakohlschiffchen auf Tellern anrichten und Sauerrahmsauce darauf verteilen

Schwarzwurzelauflauf

800 g Schwarzwurzeln
200 g Rinds-
geschnetzeltes
1 EL gerissener Kren
250 ml Schlagobers
1 EL Öl
75 ml Suppe
gehackte Petersilie
Salz
Fett für die Form

- Öl in einer Pfanne erhitzen und Rindsgeschnetzeltes darin braten
- Schwarzwurzeln schälen und waschen
- in Salzwasser dünsten
- Auflaufform befetten
- Schwarzwurzeln und Rindfleisch einfüllen
- Schlagobers, Suppe, Petersilie und Kren verrühren, salzen
- Sauce über dem Auflauf verteilen
- bei 180 °C 35 Minuten backen

Schwarzwurzel-Karotten-Gemüse

1 kg Schwarzwurzeln
4 Karotten
1/2 Zwiebel
50 g Sonnenblumen-
kerne
gehackte Petersilie
Salz und Pfeffer
1 EL Öl
Zitronensaft

- Schwarzwurzeln und Karotten mit dem Gemüseschäler schälen
- Zwiebel schälen und fein hacken
- Schwarzwurzeln und Karotten der Länge nach in 1/2 cm dicke Streifen schneiden
- 1 EL Öl in einer Pfanne erhitzen
- Zwiebel, Schwarzwurzeln und Karotten darin rösten
- salzen und pfeffern
- mit etwas Wasser (Zitronensaft dazugeben) aufgießen und dünsten
- Gemüse abseihen und kurz mit den Sonnenblumenkernen verrühren
- gehackte Petersilie darüberstreuen

Tipp: *Dazu passt Vollkornbrot, Toastbrot, Spiegeleier oder auch kurzgebratenes Fleisch.*

Grünkohl mit Mettwurst

1 kg Grünkohl
1 Apfel
200 g Mettwurst
Muskat
gemahlener Kümmel
Salz
1 EL Öl

- Grünkohl putzen und waschen, den harten Strunk entfernen
- Grünkohl in feine Streifen schneiden
- Apfel schälen, entkernen und blättrig schneiden
- Öl in einem Topf erhitzen
- Grünkohl- und Apfelstücke durchrösten
- mit wenig Wasser aufgießen
- Muskat und Kümmel dazugeben, salzen
- gardünsten
- Mettwurst in Scheiben schneiden
- Mettwurst auf dem Grünkohl verteilen und kurz mitdünsten

Wirsingroulade

8 große Wirsingblätter
4 Fischfilets
125 g Crème fraîche
Salz und Pfeffer
Petersilie
Öl

- Wirsingblätter in Salzwasser dünsten und auskühlen
- Fischfilets im Mixer zerkleinern, Crème fraîche und gehackte Petersilie einrühren
- salzen und pfeffern
- Fülle auf den Kohlblättern verteilen, Kohlblätter einrollen
- mit Zahnstochern fixieren
- Öl in einer Pfanne erhitzen
- Kohlrouladen rundum anbraten und bei kleiner Hitze 10 Minuten dünsten

Sauerkrautstrudel

150 g glattes Mehl
120 ml Wasser
1 EL Öl
Salz
Fett und Mehl fürs Blech
1 TL Butter

Für die Fülle:
500 g Sauerkraut
50 g Speck
1/2 Zwiebel
Kümmel
Salz und Pfeffer

- für den Strudelteig Mehl mit Wasser, Öl und Salz zu einem glatten Teig abrühren
- Teig mit etwas Öl bestreichen und zugedeckt ca. 1/2 Stunde rasten lassen
- Zwiebel schälen und fein hacken
- Speck in kleine Würfel schneiden
- Speck- und Zwiebelwürfel in einer Pfanne anrösten
- Sauerkraut dazugeben und durchrösten
- auskühlen lassen
- Strudelteig auf einer bemehlten Arbeitsfläche ausrollen und anschließend ausziehen
- Sauerkraut darauf verteilen und den Strudel einrollen
- auf ein befettetes, bemehltes Blech legen
- Butter zerlassen und Strudel damit einstreichen
- bei 190 °C ca. 25–30 Minuten backen

Kalbfleisch-Kohl-Eintopf

400 g Kalbfleisch
1 Kohlkopf
1 Zwiebel
Lorbeer
Majoran
Rosmarin
Salz und Pfeffer
Öl
200 ml Suppe

- Kalbfleisch kleinwürfelig schneiden
- Zwiebel schälen und hacken
- Kohl putzen, waschen und feinnudelig schneiden
- Öl in einem Topf erhitzen
- Zwiebel und Kalbfleisch rösten
- Kohl dazugeben und ebenfalls mitrösten
- mit Suppe aufgießen
- Lorbeer, Majoran, Rosmarin, Salz und Pfeffer dazugeben
- weichdünsten

Gebackener Sellerie

500 g Sellerie
2 Eier
3 EL Mehl
Salz
Öl

- Sellerie schälen und in Scheiben schneiden
- in Salzwasser bissfest dünsten, danach gut trockentupfen
- Eier verquirlen und mit Mehl verrühren, salzen
- Öl in einer Pfanne erhitzen
- Selleriescheiben durch den Backteig ziehen
- beidseitig in heißem Öl braten

Apfelkraut

800 g Sauerkraut
50 g Speckwürfel
1/2 Zwiebel
2 Äpfel
Kümmel
Salz und Pfeffer
Muskat
Öl

- Zwiebel schälen und fein hacken
- Äpfel schälen, entkernen und in kleine Würfel schneiden
- Öl in einem Topf erhitzen
- Zwiebel und Speckwürfel rösten
- Apfelwürfel mitrösten
- abgetropftes Sauerkraut dazugeben und goldbraun rösten
- Kümmel, Salz, Pfeffer und Muskat dazugeben
- unter öfterem Rühren bei kleiner Hitze dünsten

Rotkraut-Kastanien-Roulade

1 Kopf Rotkraut
400 g Kastanienpüree
Salz
Lorbeer
Wacholder
Pfeffer
Piment
Nelken
Fett für die Auflaufform
16 Zahnstocher

- Rotkraut von den äußeren Blättern befreien
- 8 kleinere Blätter zur Seite legen
- die restlichen Blätter feinnudelig schneiden
- fein geschnittene Blätter mit Lorbeer, Wacholder, Pfeffer, Piment und Nelken in etwas Salzwasser dünsten
- die 8 Blätter einige Minuten dünsten
- Kastanienpüree salzen und mit dem nudelig geschnittenen Rotkraut auf den Blättern verteilen
- Krautblätter einrollen und mit Zahnstochern fixieren
- Auflaufform befetten
- Krautrouladen einlegen
- bei 180 °C 35 Minuten backen

Kartoffel-Kraut-Pfanne

800 g Kartoffeln
1 Zwiebel
600 g Sauerkraut
250 g Schinkenscheiben
Kümmel
Lorbeerblatt
Salz und Pfeffer
etwas Paprikapulver
Öl

- Kartoffeln und Zwiebel schälen
- Zwiebel hacken
- Kartoffeln in Scheiben schneiden
- Schinken nudelig schneiden
- Öl in einer Pfanne erhitzen
- Zwiebel und Kartoffeln gut rösten
- Schinken dazugeben und einige Minuten mitrösten
- abgetropftes Sauerkraut dazugeben
- mit Kümmel, Lorbeerblatt, Salz, Pfeffer und Paprikapulver würzen
- 20 Minuten dünsten

Entenbrust auf Rotkraut

800 g Entenbrüste
1 Rotkraut
Lorbeer
Wacholder
Salz und Pfeffer
Öl

- Rotkraut putzen, waschen und nudelig schneiden
- Rotkraut in etwas Wasser, dem Lorbeer, Wacholder, Pfeffer und Salz zugefügt wurde, weichdünsten
- Entenbrüste schneiden, salzen und pfeffern
- Öl in einer Pfanne erhitzen
- Entenbrüste beidseitig anbraten
- Entenbrüste in eine Auflaufform geben
- bei 180 °C im Backrohr zugedeckt 15 Minuten dünsten, in Scheiben schneiden
- Rotkraut auf Tellern anrichten und Entenbrustscheiben darauf verteilen

Karottengröstel

300 g Karotten
700 g Kartoffeln
1 Zwiebel
3 Knoblauchzehen
Salz und Pfeffer
1/2 TL Honig
Öl

- Karotten, Kartoffeln, Zwiebel und Knoblauch schälen
- Karotten und Kartoffeln in dünne Scheiben schneiden
- Zwiebel und Knoblauch hacken
- Öl in einer Pfanne erhitzen
- Zwiebel und Knoblauch rösten
- Karotten, Kartoffeln und Honig ebenfalls mitrösten
- salzen und pfeffern
- Hitze zurückschalten
- mehrmals wenden und gut durchbraten

Karottensauce

500 g Karotten
1/2 Zwiebel
500 ml Tomatensauce
Oregano
2 EL Tomatenmark
Salz und Pfeffer
Öl

- Zwiebel und Karotten schälen
- Öl in einer Pfanne erhitzen, Zwiebel darin anrösten
- Karotten kleinwürfelig schneiden, kurz durchrösten
- mit Tomatensauce aufgießen, Tomatenmark und Oregano dazugeben
- salzen und pfeffern
- weichdünsten

Tipp: *Karottensauce passt gut zu Faschiertem.*

Hirse-Karotten-Taler

200 g Hirse
400 ml Suppe
200 g Karotten
1 Ei
ca. 50 g Semmelbrösel
Öl

- Hirse in Suppe weichdünsten
- Karotten schälen und raspeln
- Hirse mit Karotten, Ei und so viel Semmelbröseln vermengen, dass ein Teig entsteht, der nicht mehr klebt
- Teig zu Talern formen
- Öl in einer Pfanne erhitzen
- Taler beidseitig goldgelb backen

Dinkel-Karotten-Auflauf

250 g Dinkel
750 ml Wasser
300 g Karotten
400 g Sellerie
Salz
Öl
120 g geriebener Gouda

- Dinkel in Salzwasser dünsten
- Karotten und Sellerie schälen und in feine Scheiben schneiden
- Gemüse bissfest dünsten
- Dinkel abseihen und abwechselnd mit dem Gemüse in eine befettete Auflaufform schichten
- geriebenen Käse darüberstreuen
- bei 200 °C 10 Minuten überbacken

Kartoffelknödel

500 g mehlige Kartoffeln
50 g griffiges Mehl
50 g Kartoffelstärkemehl
1 Ei
Salz und Muskat

- Kartoffeln kochen oder dämpfen und noch heiß schälen
- Kartoffeln zerstampfen
- mit Ei, Salz, Muskat und so viel Mehl abkneten, dass ein kompakter Teig entsteht, der sich gut vom Schüsselrand löst
- Teigstücke in beliebiger Größe abstechen und zu Knödeln formen
- in Salzwasser je nach Größe der Knödel 12–15 Minuten sieden

Tipp: *Kartoffelknödel sind eine leichte, bekömmliche Hauptspeise und schmecken im Winter sehr gut mit Sauerkraut und gerösteten Zwiebelringen.*

Apfelauflauf

1 kg Äpfel
100 g Zucker
125 g Frischkäse
3 Eier
100 g entrindetes Toastbrot
60 g Butter
Zimt
Vanillezucker
Fett und Mehl für die Form

- Äpfel schälen, entkernen und hobeln
- mit Zimt und Zucker aromatisieren
- Eiklar zu steifem Schnee schlagen
- Butter, Zucker und Dotter sehr flaumig rühren, Frischkäse kurz einrühren
- Toastbrot im Mixer klein schneiden und die Dottermasse unterrühren
- mit den gehobelten Äpfeln vermischen
- in eine befettete, bemehlte Auflaufform füllen
- bei 180 °C 45 Minuten backen

Birnenbaguette mit Schafskäse

2 Birnen
2 kleine Baguettes
200 g Schafskäse
100 g Frischkäse

- Birnen schälen, entkernen und in Scheiben schneiden
- Baguettes halbieren und mit Frischkäse bestreichen
- Birnenscheiben dachziegelartig darauflegen
- Schafskäse darüberbröckeln
- bei 200 °C 10–15 Minuten überbacken

Alphabetisches Rezeptregister

Die Mengenangaben der Rezepte beziehen sich auf 4 Personen.

Zur Autorin

Geboren 1960 in Salzburg. Abschluss der Handelsschule St. Johann im Pongau. Seit 1981 Bäuerin am Katzlmooshof, verheiratet, fünf Kinder. 1998 Ausbildung zur Seminarbäuerin, 2004 bis 2006 Leiterin des Projektes *Lebensqualität Bauernhof* in Salzburg. Kochkurse zu den Themen Milchverarbeitung, Brotbacken, Germteig und Eltern-Kind-Kochen. Freie journalistische Tätigkeit zu Fachthemen, mehrere Veröffentlichungen, u.a. „*Köstlichkeiten aus Germteig*" (1998) und „*Köstlichkeiten aus Joghurt, Topfen und Käse*" (2006), im Löwenzahn Verlag erschien 2009 das „*Bäuerinnen-Kochbuch der Jahreszeiten*".

Falls Sie Fragen oder Anregungen haben, können Sie mich gerne per E-Mail kontaktieren:
katzlmooshof1@aon.at

Heidi Huber

Gesund und einfach – Rezeptideen für jeden Tag!

Heidi Huber hat für dieses Buch 365 köstliche Rezepte im Rhythmus der Jahreszeiten zusammengestellt. In einer praktischen Monatsübersicht sind die jeweiligen Gemüse- und Obstsorten angeführt und für jeden Tag findet sich ein Rezept zu einer ausgewogenen Hauptmahlzeit: von frühlingshaftem Rhabarberauflauf und sommerlich gefüllten Truthahnfilets über herbstliches Kürbisgratin bis zur wärmenden Waldviertler Linsensuppe im Winter – eine köstliche Vielfalt!

- praktische Rezepte für jeden Tag im Jahr
- kochen mit gesunden heimischen Produkten
- wertvolle Tipps für Einkauf, Lagerung und Zubereitung von Gemüse und Obst
- mehr Geschmack und Frische durch saisonale Zutaten
- von einer erfahrenen österreichischen Bäuerin
- liebevoll bebildert

Heidi Huber
Das Bäuerinnen-Kochbuch der Jahreszeiten
365 Rezepte nach dem Erntekalender
304 Seiten, zahlreiche Abbildungen, fest gebunden
€ 19.95/sfr 34.50
ISBN 978-3-7066-2446-6

www.loewenzahn.at